# 죽음,
가장 큰
선물

믿음이란 한 알의 밀알이 땅에 떨어져 죽음으로 많은 열매를 맺음과 같이
진리의 열매를 위하여 스스로 죽는 것을 뜻합니다. 눈으로 볼 수는 없으나
영원히 살아 있는 진리와 목숨을 맞바꾸는 자들을 우리는 믿는 이라고 부릅니다.
「믿음의 글들」은 평생, 혹은 가장 귀한 순간에 진리를 위하여 죽거나 죽기를 결단하는
참 믿는 이들의, 참 믿는 이들을 위한, 참 믿음의 글들입니다.

Our Greatest Gift ✳ Henri J. M. Nouwen

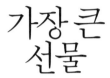

죽음을 맞이하는 일과 죽어 가는 이를 돌보는 일에 관한 묵상

**헨리 나우웬** 지음
**홍석현** 옮김

**일러두기**

• 이 책은 1998년에 발행된 《죽음, 가장 큰 선물》의 개정판입니다.
• 본문의 성경 구절은 개역개정판을 사용했습니다.

용기와 기쁨으로 큰 영감을 주었던
메리나 나우웬-상지오르지에게.

메리나는 1993년 5월 8일 이른 아침
세상을 떠났습니다.

메리나를 떠올리며.

# 차례

✳

# 감사의 글

독일에 있는 프란츠와 레니 요나 부부의 따뜻한 우정과 아낌없는 환대가 없었다면 이 작은 책을 쓸 수 없었습니다. 이들은 제가 글을 쓸 수 있도록 집 안의 조용한 장소를 내주었고, 저는 이들과 토론하고 의견을 나누는 유쾌한 교제를 누렸습니다. 깊은 고마움을 느낍니다.

이 책에 나오는 친구들에게도 감사드립니다. 자신들의 이야기를 쓰도록 저에게 허락해 주었고, 또 많은 이들이 시간을 들여 원고를 꼼꼼히 읽으면서 바꾸거나 보태야 할 부분을 알려 주었습니다.

특히 비서인 캐시 크리스티에게 감사의 말을 전합니다. 캐시는 원고와 수정자 타자를 도맡았고, 이 책을 마무리하는 단계에서 저에게 몹시 필요했던 격려와 지지를 보내 주었습니다. 세심하게 편집을 해준 콘라드 비에초

8

레크와 테리 고프에게도 감사를 드립니다.

마지막으로 페기 맥도넬과 그 가족 그리고 그 친구들에게 깊은 감사를 전합니다. 머레이 맥도넬을 추모하며 보내준 그들의 신실한 격려와 아낌없는 재정 후원 덕분에 조용한 시간과 장소에서 이 책을 쓸 수 있었습니다.

헨리 J. M. 나우웬

## 죽음과 친해지기

1992년 12월 31일 오후 3시, 모리스 굴드가 세상을 떠났습니다. 오랫동안 알츠하이머병과 싸우던 끝에 캐나다 토론토 근처 리치몬드 힐의 요크 센트럴 병원에서 영면한 것입니다.

모리스(우리는 그를 '모우'라고 불렀습니다)는 라르슈(L'Arche) 공동체에서 살던 사람이었습니다. 캐나다 사람 장 바니에가 1964년에 설립한 라르슈는 전 세계에 걸친 조직으로서, 정신적 장애를 지닌 사람들과 그들을 섬기는 봉사자들이 만든 보금자리입니다. 모리스는 토론토에 있는 데이브레이크(Daybreak) 공동체에서 한 가족으로 살았습니다. 그는 쾌활하고 친절하며 공동체를 사랑하기로 유명했습니다. 그를 만나 본 사람들은 한결같이 아주 깊은 애정을 가지고 그를 이야기합니다. 모우는 사랑을 줄 줄 알고 받을 줄 아는 사람이었습니다. 다운증후군 환자라는 그의 조건은 그저 이 탁월한 재능의 다른 한 면으로 보였을 뿐입니다.

모우가 세상을 뜰 무렵 나는 독일 프라이부르크에 가 있었습니다. 몇 달간 공동체의 일을 떠나서 글 쓰는 일에만 전념하라는 데이브레이크의 배려 덕분이었습니다. 공동체 책임자인 네이선 볼이 전화로 모우의 죽음을 알려주었을 때, 나는 알았습니다. 하루 빨리 토론토에 있는 모우의 가족들과 친구들 곁에 가서 쉰여덟 해를 채운 그의 삶을 함께 기뻐하는 동시에 슬픔을 함께 나누어야 한다는 것을 말입니다.

그다음 날 집으로 돌아가는 비행기 안에서 나는 삶과 죽음에 대해 깊이 생각했습니다. 그리고 삶과 마찬가지로 죽음이 어떻게 우리의 것이 될 수 있는지 묻기 시작했습니다.

에어 캐나다 여객기가 프랑크푸르트를 떠나서 독일, 네덜란드, 영국, 대서양 그리고 노바스코샤와 캐나다 상공을 거쳐 토론토에 도착하기까지, 줄곧 죽음에 대해서 생각했습니다. 모리스의 죽음, 나 자신의 죽음 그리고 매일매일 전 세계에서 일어나는 많은 사람들의 죽음에 대해서.

죽음은 아예 생각도, 말도 하지 않는 편이 나을 만큼 끔찍하고 터무니없는 일일까요? 마치 현실에서는 일어날 수 없는 일처럼 생각하고 사는 편이 나을 만큼 달갑지 않은 일일까요? 죽음이란 단순하게 맞이할 수 없을 만큼 모든 생각과 행위를 여지없이 끝내 버리는 사건일까요? 아무것도 두려워할 필요가 없다는 사실을 믿는 가운데 죽음과 조금씩 친밀해지며 그 앞에 마음을 열고 살아간다는 것이 가능한 일일까요? 부모님이 우리가 태어나기를 준비하며 기울이셨던 그 세심함으로 자신의 죽음을 준비할 수는 없을까요? 우리를 반겨 주는 친구를 기다리듯이 죽음을 기다릴 수 없을까요?

여덟 시간 반 동안 비행기를 타면서, 모리스를 생각하고 이런 질문들을 던져 보았습니다. 또한 죽음을 목전에 둔 친구들과 연로하신 아버지를 생각했습니다. 불과 한 달 전인 11월 24일, 나는 캘리포니아 주 오클랜드에 있는 가톨릭 봉사자들의 집인 '베다니의 집'에서 릭과 함께 있었습니다. 베다니의 집은 마이클 허랭크가 에이즈에 걸린 사람들을 돌보기 위해 최근 설립한 곳입니다. 릭은 에이즈에 걸려 있었고, 이제 시간이 얼마 남지 않았다는 사실을 알고 있었습니다. 침대 곁에 앉아서 손을 잡아 주자 릭이 말했습니다.

"남아 있는 몇 달 동안 무엇을 할 수 있을까요? 제가 정말 사랑하는 당신은 온갖 미래를 계획할 수 있지만 저는 더 이상 미래가 없어요." 그는 내 손을 꽉 잡았습니다. 그의 눈에서는 눈물이 흐르고 있었습니다.

제수씨인 메리나 생각도 났습니다. 5년 내내 장암과 싸우던 메리나는 큰 수술을 세 차례나 받았습니다. 마침내 더 이상 가망이 없다고 판명되자, 메리나는 모든 것을 그냥 맡기기로 했습니다. 그리고 의사와 간호사, 친구들과 어머니, 남편인 폴과 나에게 드러내 놓고 자신의 죽음을 이야기했습니다. 또한 죽음을 눈앞에 두고 느끼는 감정들을 시로 쓰기도 했습니다. 주위 사람들은 메리나 앞에서 감히 죽음이라는 말조차 꺼내지 못했지만 말입니다.

한편 네덜란드에 계시는 아버지는 아흔 살 생신을 열흘 앞두고 계십니다. 아버지는 아직 정정하셔서 글을 쓰고 강의를 다니시며 이런저런 계획을 세우시지만 이렇게 말씀하십니다.

"얘야, 몸이 말을 듣질 않는구나. 이제 눈은 초점이 잘

13

안 맞고, 음식을 많이 먹으면 위가 견디질 못한단다. 게다가 심장이 아주 약해졌어."

사람들은 죽어 가고 있습니다. 내가 아는 사람들뿐 아니라 수없이 많은 사람들이 매일, 매시간 곳곳에서 죽어 가고 있습니다. 죽음은 가장 일상적인 일이며 누구나 겪어야 할 사건입니다. 하지만 잘하고 있습니까? 피하고는 싶지만 피할 수 없는 운명 이상이 될 수 있을까요? 어떤 식으로든 죽음이 하나의 성취가 될 수는 없을까요? 어떤 행위보다 더 인간다운 행위가 될 수는 없을까요?

12월 그날, 토론토의 피어슨 국제공항 제2터미널에 도착하자 네이선 볼이 마중 나와 있었습니다. 그는 모우가 어떻게 죽음을 맞이했는지 차 안에서 들려주었습니다. 모우가 세상을 뜨기 몇 시간 전부터 가족과 친구들이 그의 옆을 지켰습니다. 그 자리에는 슬픔도 있었고 기쁨도 있었습니다. 이윽고 아름다운 한 친구가 우리 곁을 떠나갔습니다. 오랜 고통이 부드러운 종말을 맞이한 것입니다.

"모두들 모우를 아주 사랑했지."

네이선이 말했습니다.

"모우가 보고 싶을 거야. 하지만 모우에게는 떠나야 할 시간이었네."

슬픔과 기쁨으로 충만한 날들이 이어졌습니다. 모우는 죽었지만 곧 새 생명이 나타난 것 같았습니다. 모우의 친구들은 여기저기 전화를 걸었고 편지를 썼습니다. 무엇보다 사람들은 다 같이 모여서 기도하고, 먹고, 이야기를 나누고, 사진을 보았습니다. 사람들은 그를 기억하면서 웃기도 하고 울기도 했습니다. 데이브레이크에서 지낸 여러 날 가운데에서 모우가 세상을 뜬 이후 몇몇 날에 우리는 가장 친밀해졌고 가장 하나가 되었으며, 기이하게도 가장 거룩한 시간을 보냈습니다. 살아 있을 때 자신의 연약함과 부족함을 통해 우리가 공동체를 이루도록 도왔던 사람이 자신의 죽음을 통해 더욱 큰 도움을 준 것입니다. 예배당에 모두 모였을 때, 고인의 집을 방문했을 때, 리치몬드 힐의 성공회 교회에서 찬양과 감사의 기도를 드렸을 때, 그리고 고인의 관을 킹 시티의 묘지로 운반했을 때, 우리 모두는 삶이 죽음으로 통할 뿐만 아니라 죽음이 새로운 삶으로 통한다는 깊은 느낌을 함께 나누었습니다. 온유와 자비의 영이 우리 대화를 에워싸고 있었으며 대화 속에 스며들어 왔습니다. 용서와 치유의 영이 한 사람 한 사람을 어루만져 주었습니다. 무엇보다 일치와 친교의 영이 우리를 새로운 방식으로 묶어 주었습니다. 이것은 고인이 되었지만 생생하게 살아 있는 모우가 우리에게 준 고마운 선물이었습니다.

아버지의 생신 잔치에 참석하고 프라이부르크에서 글을 이어 쓰기 위해 유럽에 돌아가기 전날 저녁, 나는 데이브레이크의 오래된 식구이자 친구인 네이선과 수 모스텔러와 함께 저녁 식사를 했습니다. 식사를 하는 동안 네이선이 물었습니다.

"자넨 어디서 어떻게 죽고 싶나?"

아주 부드러운 어조였습니다. 우리도 모우처럼 얼마 지나지 않아 죽으리라는 새로운 깨달음에서 나온 질문이었습니다. 이 깨달음은 다음과 같이 이어졌습니다. 우리는 죽음을 맞이할 준비를 하고 있는가? 늘 바쁘다는 핑계로 죽음을 외면하고 있지는 않은가? 죽음을 잘 맞이하도록 서로 돕고 있는가? 언제까지나 옆에 있어 줄 것처럼 가장하고 있지는 않은가? 우리의 죽음은 친구들에게 새로운 삶과 희망과 믿음을 가져다줄 것인가? 단지 슬퍼할 일을 하나 더 만드는 데 그치는 것은 아닌가?

중요한 질문은 '우리에게 허락된 이 몇 년 동안 얼마나 일할 수 있는가'가 아닙니다. 정말 중요한 질문은 '우리의 죽음이, 우리를 사랑했고 우리가 사랑했던 이들에게 우리의 영과 하나님의 영을 보내 주는 새 길이 되려면 무엇을 준비해야 하는가'입니다.

"자넨 어디서 어떻게 죽고 싶나?"라는 질문 때문에 나는 커다란 도전을 받았습니다. 잘 살 뿐 아니라 잘 죽어야 하는 것입니다. 다음 날 공항으로 차를 몰고 가는 동안, 네이선은 모우의 장례에 참석하기 위해 와주어서 고맙다고 했습니다. 그는 아버지의 생신도 축하해 주었고 프라이부르크에서 글을 쓰는 한 달이 창조적인 시간이 되길 바란다고 했습니다. 비행기를 타고 암스테르담으로 되돌아오는 동안, 나는 어떤 주제를 써야 할지 더 선명하게 깨달았습니다. 그것은 나의 죽음을 그토록 사랑하는 세상에 최고의 선물로 주기 위해 죽음과 친해지는 것이었습니다.

네덜란드의 성대한 생신 잔치도 끝났고 독일을 가로지르는 기나긴 기차 여행도 끝났습니다. 나는 프라이부르크의 작고 평화롭고 고독한 내 방에서 다시 혼자가 되었습니다. 죽음과 친해지기에 이보다 좋은 장소가 또 있을까요?

# 무력함 속에 감춰진 은혜

글을 쓸 수 있는 조용한 공간을 찾기란 결코 쉽지 않았습니다. 수녀원, 수도원, 피정 센터에도 가보았고, 방문을 걸어 잠근 채 있으려고 애쓰기도 했습니다. 그러나 고독을 찾아 그 어느 곳을 가도, 금방 주위의 일상사에 다시 얽혀 들곤 했습니다. 나 자신의 조바심, 다른 사람과 만나고 싶은 욕구, 다른 사람에게 거부당하거나 버림당할지도 모른다는 두려움 때문에 나는 고독을 발견하자마자 곧장 그 고독에서 도망쳐 나오곤 했습니다. 이로써 고독을 싫어하는 마음이 고독을 갈망하는 마음만큼이나 강하다는 사실이 증명되었습니다. 나는 사람들과 이야기하거나 회의를 하거나 설교하거나 미사를 집전하거나 이런저런 축하 행사에 참석하거나 도서관을 어슬렁거리는 등 구실을 번번이 찾아냈습니다. 한마디로 혼자 있지 않을 구실을 찾아냈던 것입니다.

그럼에도 언젠가는 용기를 내서 이러한 두려움을 넘어서야 한다는 사실을 알고 있었습니다. 나는 고독 안에서 진정한 스승을 발견할 것이며, 그 스승이야말로 내가 써야 할 말들을 가르쳐 주리라는 사실을 믿어야 했습니다.

드디어 기회가 왔습니다. 프라이부르크에 사는 친구 프란츠와 레니 요나 부부가 슈베르트 가(街)에 있는 3층 집의 꼭대기를 내어 준 것입니다. 1층은 그들 부부가 쓰고 있었고, 2층은 어느 노부부에게 세를 주었습니다. 그리고 3층은 대개의 경우 그들의 두 자녀인 로베르트와 이레네를 위해 비워 두고 있었습니다. 하지만 로베르트는 미국으로 가서 내과의사 공부를 하고 있었고, 이레네도 프랑크푸르트로 가서 연방은행 일을 하고 있었습니다.

"3층 방을 쓰세요."

프란츠와 레니가 말했습니다.

"정말 은신처라고 할 만해요. 들락거리는 사람도 없고 특별한 일도 없거든요. 바깥 소리도 하나 안 들리고 빛도 전혀 새어 들어오지 않는답니다."

정말이지 이 3층 방은 도심의 은신처로서는 이상적인

공간입니다. 이곳에는 고독한 사람에게 필요한 모든 것, 그러니까 공부방과 침실, 내가 부엌으로 용도를 바꾼 작은 응접실과 욕실이 있습니다.

이렇게 해서 나는 지금껏 꿈꾸어 오던 것, 곧 완벽한 침묵과 완벽한 고독을 누리게 되었습니다. 유리창의 블라인드를 내리면 침실은 칠흑같이 어두워지고, 지나가는 차 소리조차 들리지 않습니다. 완벽하게 고요합니다.

이 고요함은 사람을 정화시킵니다. 이상하게 들릴지도 모르겠지만 밖이 고요해지면 곧바로 내면의 부산함이 드러나기 마련입니다. 할 일이 하나도 없을 때 무엇을 해야 할까요? 관심을 가져 달라고 요구하는 사람이나 무언가를 부탁하는 사람도 없고 내 존재의 가치를 느끼게 해주는 사람도 없을 때 무엇을 해야 할까요? 전화 한 통, 편지 한 통, 모임 한 번 없이 몇 분이 흐르고 몇 시간이 흐르고 몇 날이 흐를 때, 시간은 지평선조차 보이지 않는 고독의 사막이 되어 내 앞에 끝없이 펼쳐집니다.

이곳이야말로 죽음과 친해질 수 있는 가장 복 받은 장소가 아닐까요? 이곳이야말로 외부의 침묵이 서서히 내면의 침묵으로 이끌어 주며, 나 자신의 필멸성을 끌어안게 해줄 장소가 아닐까요? 그렇습니다. 침묵과 고독은 나를 이끌어서 사람들 틈에서 안도감을 주는 외부 소리에 점차 귀를 닫게 해주며, 내 진정한 이름을 드러내 주는 내면의 소리를 신뢰하게 합니다. 침묵과 고독은 일상이라는 발판에서 발을 떼게 하며, 그 오래된 지지대가 사라졌을 때에도 제 힘으로 서 있는 것은 무엇인지 발견하게 합니다.

이 작은 은신처에 홀로 앉아 있으면서, 내가 얼마나 죽을 준비를 안 하고 있었는지 깨닫습니다. 이 안락한 방의 침묵과 고독은 삶을 붙잡고 놓지 않으려는 내 모습을 깨닫기에 충분합니다. 그럼에도 나는 얼마 지나지 않아 죽어야 합니다. 내게 남아 있는 10년, 20년, 30년의 세월은 화살처럼 빠르게 지나갈 것입니다. 몸은 기력을 잃고 정신은 유연성을 잃을 것입니다. 가족과 친구들도 잃겠지요. 사회와도 점점 멀어질 것이고, 대다수 사람들의 머릿속에서도 잊힐 것입니다. 그리고 다른 이들의 도움에 더욱더 의지해야 할 것입니다. 결국 나는 모든 것을 손에서 놓은 채 아무것도 알려진 바 없는 미지의 세계로 옮겨질 것입니다.

내가 기꺼이 그 여행을 떠날 수 있을까요? 내게 남아 있는 힘을 다 버리고 꽉 쥐었던 주먹을 펴고서, 철저한 무력함 속에 감춰진 은혜를 신뢰하게 될까요? 모르겠습니다. 정말 모르겠습니다. 내 안에 살아 있는 모든 것들이 무(無)를 향해 떠나는 이 여행에 저항하므로 도저히 그렇게는 할 수 없을 것 같습니다. 하지만 내가 참으로 아는 것은, 프라이부르크에 있는 이 작은 아파트의 침묵과 고독을 통해 내가 정말 죽음에 복종할 수 있는지 알아볼 최상의 기회를 얻었었다는 것입니다.

어쨌든 죽음과 친해진다는 이 외로운 일이 나 자신뿐 아니라 다른 사람들에게도 도움이 되리라고 믿습니다. 나는 다른 사람들의 이 여행을 도와주고 싶은 바람으로 일생을 살아왔습니다. 하지만 나의 고유한 여행 이외에는 아무것도 줄 수 없다는 것을 깨달았습니다. 내 피와 살이 되지 못한 기쁨과 평화와 용서와 화해를 어떻게 선포할수 있겠습니까? 나는 다른 사람이 선한 목자가 되기를 늘 바라 왔습니다. 하지만 선한 목자는 친구를 위해 자신의 삶을, 다시 말해 자신의 고통과 기쁨, 의심과 소망, 눈물과 사랑을 내어 주어야 한다는 것도 늘 알고 있었습니다.

예순에 이른 지금, 나는 필멸성을 받아들이려 애씁니다. 이제껏 모든 것이 그랬듯, 죽음과 친해지려는 이 시도가 나뿐만 아니라 비슷한 도전 앞에 선 사람들에게 도움이 되리라 믿습니다. 나는 잘 죽고 싶습니다. 또한 다른 이들이 잘 죽도록 돕고 싶습니다. 그러므로 나는 프라이부르크 슈베르트 가의 작은 아파트에 홀로 있지 않습니다. 나는 죽어 가고 있는 사람들과 잘 죽고 싶어 하는 사람들에게 에워싸여 있습니다. 나의 침묵과 고독이 친구들과 그들의 친구들을 위한 것이면 좋겠습니다. 나 자신의 필멸성을 끌어안으려는 이 소망이, 다른 사람들이 그들 나름의 필멸성을 끌어안는 데 도움이 되기를 바랍니다. 이 작은 은신처가 진실로 세상 안에 있기 바라며, 세상을 위한 자리가 되기를 바랍니다.

나는 앞으로 다섯 주 동안 이 성소(聖所)에 머무르며 기도하고, 묵상하며, 죽음에 대해 쓰고자 합니다. 다른 이들의 죽음뿐 아니라 나 자신의 죽음에 대해서도 말입니다. 이 일에는 두 가지 측면이 있습니다. 첫째는 나 자신의 죽음과 친해진다는 의미의 발견입니다. 둘째는 다른 이들이 그들의 죽음과 친해질 수 있도록 돕는 길의 탐색입니다.

내적인 삶은 언제나 다른 사람들을 위해 사는 삶입니다. 내가 죽음과 친해질 수 있다면, 나는 다른 이들도 그렇게 하도록 도울 수 있을 것입니다. 바로 그것이 이 작은 책을 통해 하고자 하는 일입니다. 먼저 죽음을 잘 맞이하는 일에 대해 쓴 다음, 죽음에 처한 사람들을 잘 보살피는 일에 대해 쓸 생각입니다.

1부

\*

죽음을
잘 맞이하기

## 마음 가까이에

    어린이에게는 삶의 의미를 가르쳐 줄 부모님과 선생님, 친구가 있어야 합니다. 그러나 어른이 되면 홀로 서야 합니다. 그때에는 자신이 지식의 주된 원천이 됩니다. 우리가 삶과 죽음을 이야기할 때, 그것은 진짜 내 것에서 흘러나와야 합니다. 위대한 사상가들과 성인들이 죽음을 이야기하고 그에 대해 글을 썼지만, 그것은 그들의 말일 뿐입니다. 자신만의 고유한 말을 찾아냄으로써, 내 경험 깊은 곳에서 그 말이 우러나와야 합니다. 많은 이들이 내 경험에 영향을 끼쳤다고 해도, 그 경험은 다른 이의 것이 아닙니다. 여기에 경험의 힘이 있고, 약점이 있습니다. 나는 죽음에 대한 내 경험이 자신의 삶과 죽음에 의미를 부여하고자 분투하는 이들에게 전할 말을 가르쳐 줌을 믿어야 합니다. 또한 많은 이들은 자신들의 삶이 나의 삶과 연결되어 있음을 보지 못하거나 느끼지 못하기 때문에 내가 하려는 말에 반응할 수 없다는 사실도 받아들여야 합니다.

이 책의 첫 세 장이 다루는 내용은 죽음을 잘 맞이하기입니다. 우리가 하나님의 자녀이며 서로 형제자매인 동시에 앞으로 올 세대의 부모라는 사실이 무슨 의미인지 가장 내밀한 존재 속에서 탐색하고자 합니다.

나는 듣고 느껴왔던 것들에 귀 기울이면서 내 마음 가까이 머물고 있습니다. 또한 살아오는 동안 기쁨과 고통으로 나를 감동시켰던 이들의 마음 가까이에 머물고 있습니다. 무엇보다 나는 예수님의 마음 가까이에 머물고 있습니다. 그분의 삶과 죽음이야말로 내가 삶과 죽음을 이해하며 살아갈 수 있게 하는 주된 원천이기 때문입니다.

## 우리는 하나님의 어린 자녀입니다

환갑이 된 나를 위해 데이브레이크 공동체는 큰 잔치를 열어 주었습니다. 백 명이 넘는 사람들이 함께 모였습니다. 존 블로스도 참여했고, 언제나 그랬듯이 적극적인 역할을 하려고 애쓰고 있었습니다. 존은 훌륭한 생각들이 많았지만, 장애 때문에 말로 표현하기가 여간 어렵지 않았습니다. 그런데도 그는 말하기를 즐겼는데, 모든 청중이 어쩔 수 없이 자신의 말에 집중해야 하는 상황에서는 더욱 그러했습니다.

모든 사람이 둥그렇게 둘러앉았을 때, 잔치를 이끄는 조가 말을 꺼냈습니다.

"존, 오늘 헨리에게 한마디 해주어야 하지 않겠어요?"

극적인 것을 좋아하는 존은 자리에서 벌떡 일어나더니 한가운데로 걸어갔습니다. 그러고는 나를 가리키면서 할 말을 고르기 시작했습니다.

"당신…… 당신…… 은."

존은 함박 웃으면서 말했습니다.

"당신…… 당신…… 은…… 음…… 음……."

존이 똑바로 나를 가리키면서 무슨 말인가를 꺼내려 했기 때문에, 사람들은 모두 큰 기대를 안고 보고 있었습니다.

"당신…… 당신…… 은…… 음…… 음……."

마침내 다음 말이 터져 나왔습니다.

"할아버지예요!"

모든 사람이 일시에 폭소를 터뜨렸고, 존은 자신의 연기가 불러일으킨 대성공을 만끽했습니다.

존의 말이 맞았습니다. 나는 '할아버지'가 된 것입니다. 그렇게 직접적으로 말한 사람은 거의 없었지요. 하지만 대다수의 사람들은 여전히 젊어 보인다느니, 여전히 힘이 넘친다느니 등의 표현을 말꼬리에 덧붙이곤 했습니다. 그런데 존이 그 말들의 의미를 간결하고도 진솔하게 말해 주었습니다. "당신은 할아버지"라고 말입니다.

한 살에서 서른 살 사이를 청년으로, 서른 살에서 예순 살 사이를 중년으로, 예순 살이 넘은 사람을 노인으로 부르는 것은 대체로 공정해 보입니다. 그래도 막상 예순이 되니 '내가 이제 노인이 되었구나' 하는 느낌은 없습니다. 적어도 나는 그렇습니다. 십 대 시절이 바로 얼마 전 일 같고, 공부하고 가르치며 보낸 수십 해는 바로 어제 일 같으며, 데이브레이크 공동체에서의 7년은 7일처럼 느껴집니다. 그러니까 스스로 '할아버지'로 여길 마음이 절로 나질 않습니다. 바로 그렇기 때문에 나는 크고도 분명한 소리로 그 사실을 들을 필요가 있습니다.

몇 년 전에 어떤 대학생이 자기 아버지 이야기를 해준 적이 있습니다.

"아버지는 도대체 저를 이해하려고 하질 않아요. 워낙 보스 기질이 강해서 언제나 당신만 옳다고 하시지요. 제 생각이 파고들어 갈 여지를 조금도 주지 않는다고요. 아버지와 함께 지내기가 힘들어요."

나는 그 학생을 위로하면서 이렇게 말해 주었습니다.

"우리 아버지도 자네 아버지와 크게 다르지 않지. 하지만 자네도 알다시피, 나이 든 양반들은 다 그런 거야!"

그러자 학생이 한숨을 푹 쉬면서 대답했습니다.

"하긴, 아버진 벌써 마흔이니까요!"

나는 그때에야 비로소 내가 내 손자뻘 되는 친구와 이야기를 나누고 있다는 사실을 깨달았습니다.

어떻든지 내가 나이를 먹었다는 사실과 젊은이들 눈에 늙은이로 보인다는 사실을 잊고 지냈던 것입니다. 종종 거울을 보는 게 도움이 됩니다. 거울에 비친 얼굴을 찬찬히 뜯어보면, 부모님의 예순 살 때 모습이 보이곤 합니다. 내가 그때 부모님들을 얼마나 노인 취급 했는지도 생각납니다.

노인이 되었다는 것은 그만큼 죽음이 가까웠음을 의미합니다. 예전에는 내가 살아온 햇수만큼 또 살 수 있는지 곧잘 계산하곤 했습니다. 스물이었을 때는 적어도 또 한 번의 스무 해를 더 살 수 있으리라고 자신했습니다. 서른이 되었을 때에도, 예순까지는 무난하리라고 믿었습니다. 하지만 마흔이 되자 여든까지 살 수 있을지 의심스러워졌습니다. 그리고 쉰이 넘었을 때는, 백 살까지 사는 사람이 아주 드물다는 사실을 깨달았습니다. 예순이 된 지금, 나는 내가 인생의 중간 지점에서 아주 멀리 와 있으며, 내가 태어난 때보다는 죽을 때가 더 가깝다는 것을 확실히 알고 있습니다.

나이 든 이들은 죽음을 준비해야 합니다. 어떻게 하면 잘 준비할 수 있을까요? 내 경우 첫 번째 과제는 다시 어린아이가 되는 것입니다. 다시 말하면 나의 어린 시절을 되찾는 것입니다. 이 말은 최대한 독립을 유지하려는 우리의 자연스러운 욕망과 정반대되는 말로 들릴지 모르겠습니다. 그럼에도 어린아이가 되어 제2의 유아기에 들어가는 것은 좋은 죽음을 맞이하는 데 꼭 필요한 것입니다. "너희가 돌이켜 어린아이들과 같이 되지 않으면 결단코 천국에 들어가지 못하리라"(마 18:3) 하신 예수님의 말씀은 바로 이 제2의 유아기를 말하는 것입니다.

제2의 유아기에는 어떤 특징이 있습니까? 그것은 새롭게 다른 이를 의존하는 일과 관련됩니다. 인생의 첫 20년 동안 우리는 부모님과 선생님과 친구들을 의존합니다. 그리고 그 후 40년이 지나면 또다시 누군가를 의존해야 합니다. 나이가 어리면 어릴수록 살아가는 데 더 많은 사람의 도움이 필요합니다. 마찬가지로 나이가 들면 들수록 더 많은 사람의 도움이 또다시 필요해집니다. 인생은 의존에서 시작해서 의존으로 끝나는 것입니다.

구유에서 십자가에 이르는 여정을 거치셨던 예수님을 통해 하나님이 드러내신 신비가 그것입니다. 예수님은 주위 사람들에게 완전히 의존하시면서 태어나셨고, 전적으로 다른 이들의 행위와 결정에 따라 수난의 희생물이 되어 죽으셨습니다. 그의 삶은 제1의 유아기에서 제2의 유아기에 이르는 여행이었습니다. 그는 어린아이로 오셔서 어린아이로 죽으셨으며, 우리가 우리의 아이다움을 주장하고 되찾음으로써 그분처럼 우리의 죽음을 새로운 탄생으로 변화시키시려고 그분의 삶을 사셨습니다.

행복하게도 이 모든 것들을 분명히 깨달았던 경험이 있습니다. 몇 년 전, 저는 길을 걷다가 교통사고를 당해서 비장 파열로 병원에 후송된 적이 있습니다. 의사는 수술을 해도 생존 여부는 장담하기 어렵다고 했습니다. 수술은 성공적이었지만 수술에 들어가기 전후의 시간들 덕분에 이전에 결코 경험해 보지 못했던 유아기를 경험할 수 있었습니다. 나는 십자가와 비슷하게 생긴 테이블 위에 띠로 단단히 묶였습니다. 그리고 마스크를 쓴 사람들에게 둘러싸인 채 완전한 의존상태를 경험했습니다. 그때 나는 잘 모르는 어느 의학팀의 기술에 내가 온전히 의존하고 있음과, 내 가장 깊은 존재는 의존적임을 깨달았습니다. 특별한 투시력은 없지만 어떤 확신이 생겼습니다. 그것은 수술 후에 살게 되건 그렇지 못하건 간에 나는 하나님의 품에 안전하게 안겨 틀림없이 살게 되리라는 확신이었습니다.

나는 이 색다른 사건 덕분에 힘없는 젖먹이로 보살핌을 받아야 하는 유아기로 돌아갔으며, 안전하게 보호받고 있다는 어떤 거대한 느낌을 경험하게 되었습니다. 그것은 하나님의 어린 자녀가 되는 경험이었습니다. 갑자기 나는 모든 인간적인 의존이 신적인 의존 안에 깊이 연결되어 있다는 것과, 그 신적인 의존 때문에 죽음이 더 크고 방대한 삶의 방식의 일부분이 된다는 것을 깨달았습니다. 이 경험은 아주 생생하고 근본적이면서도 파급력이 커서 내 자의식을 송두리째 바꾸어 놓았을 뿐 아니라 내 의식 상태에 깊은 영향을 끼쳤습니다. 여기에서 기이한 역설이 성립합니다. 곧 사람에 대한 의존은 때로 노예상태로 이끌지만, 하나님에 대한 의존은 자유로 이끈다는 것입니다. 무슨 일이 일어나든지 하나님이 우리를 안전하게 붙들고 계시다는 사실을 받아들이면, 그 무엇도, 어떤 사람도 두려워할 필요가 없습니다. 우리는 강한 신뢰감을 가지고 인생을 헤쳐 나갈 수 있습니다. 이것은 혁신적인 관점입니다. 우리는 억압과 착취를 의존의 표시로 보는 사고방식에 익숙하기 때문에, 진정한 자유를 독립의 결과물로만 생각하기 쉽습니다. 그러나 이것은 다르게 볼 수 있습니다. 하나님을 가장 친밀하게 의존하는 것을 저주의 결과가 아니라 은혜의 선물로 받아들일 때, 우리는 하나님의 자녀로서 누리는 자유를 발견할 수 있습니다. 이 깊고 내적인 자유에 힘입어 우리는 적들과 맞설 수 있고, 억압의 멍에를 벗어던질 수 있으며, 사랑이신 하나님의 자녀이자 형제자매로서 우리가 바라는 사회구조와 경제구조를 건설할 수 있는 것입니다. 이것이야말로 예수님이 말씀하신 자유라고 믿습니다. 이것은 하나님의 어린 자녀 됨에 뿌리를 둔 자유입니다.

우리는 두려움이 많은 사람들입니다. 갈등, 전쟁, 불확실한 미래, 질병 그리고 무엇보다 죽음을 두려워합니다. 이 두려움 때문에 우리는 자유를 빼앗기고 있으며, 사회는 온갖 협박과 거짓 약속으로 우리를 마음대로 조종하고 있습니다. 그러나 두려움을 넘어 출생 전이나 죽음 이후에도 변함없이 우리를 사랑하시는 하나님께 다다를 때, 억압이나 박해나 죽음은 결코 우리 자유를 빼앗지 못할 것입니다. 우리가 사랑 안에서 태어났고 사랑 안에서 죽으리라는 것, 우리 존재의 모든 부분이 사랑에 깊이 뿌리내리고 있으며 우리의 참 아버지와 어머니는 바로 이 사랑이라는 깊은 내면의 지식—머리로 아는 지식보다는 마음의 지식—에 이를 때, 온갖 형태의 악과 질병과 죽음은 그 궁극적인 힘을 잃을 것이며 우리가 참으로 하나님의 자녀라는 사실을 고통스럽지만 희망적으로 일깨워 줄 것입니다. 사도 바울은 하나님의 자녀가 누리는 완전한 자유를 다음과 같이 표현합니다. "내가 확신하노니 사망이나 생명이나 천사들이나 권세자들이나 현재 일이나 장래 일이나 능력이나 높음이나 깊음이나 다른 어떤 피조물이라도 우리를 우리 주 그리스도 예수 안에 있는 하나님의 사랑에서 끊을 수 없으리라"(롬 8:38-39).

그러므로 죽음을 준비할 때 첫 번째 과제는 하나님의 어린 자녀로서 자유를 주장함으로써, 죽음이 어떤 힘도 행사하지 못하도록 무장해제시키는 일입니다. '어린 자녀'(child)라는 단어에 문제가 있기는 합니다. 이 단어는 작고, 연약하며, 천진난만하고, 미성숙하다는 뜻을 암시하기 때문입니다. 하지만 '제2의 유아기'에 이르도록 성장해야 한다는 것은, 제2의 미성숙기로 돌아가라는 의미가 아닙니다. 내가 염두에 둔 것은 하나님의 아들과 딸로서의 성숙, 곧 하늘 왕국의 상속자로 선택받은 아들과 딸로서의 성숙입니다. 하나님의 자녀 됨에는 작다거나, 연약하다거나, 천진난만하다는 것이 없습니다. 우리는 자녀로 선택받았기 때문에, 사방이 산산이 부서져 내리는 세계를 걸어갈 때에도 하나님 앞에서 고개를 똑바로 들고 걸어갈 수 있습니다. 우리는 하나님의 아들딸로서 유업을 이을 이라는 자신감을 가지고 죽음의 관문 또한 통과할 수 있습니다. 사도 바울은 다시 한 번 큰 소리로 주장합니다. "무릇 하나님의 영으로 인도함을 받는 사람은 곧 하나님의 아들이라 너희는 다시 무서워하는 종의 영을 받지 아니하고 양자의 영을 받았으므로 우리가 아빠 아버지라고 부르짖느니라 성령이 친히 우리의 영과 더불어 우리가 하나님의 자녀인 것을 증언하시나니 자녀이면 또한 상속자

곧 하나님의 상속자요 그리스도와 함께 한 상속자니 우리
가 그와 함께 영광을 받기 위하여 고난도 함께 받아야 할
것이니라"(롬 8:14-17).

이것은 작고 소심한 어린아이의 목소리가 아닙니다.
이것은 영적으로 성숙한 사람의 목소리입니다. 곧 자신이
하나님 앞에 있음을 아는 사람, 하나님에 대한 완전한 의
존이 힘의 원천이며 용기의 토대이자 진정한 내적 자유의
비밀인 사람의 목소리입니다.

최근에 한 친구가 어머니의 자궁 안에서 대화하는 이
란성 쌍둥이 이야기를 들려주었습니다. 여동생이 오빠에
게 말했습니다.

"난 말이지, 태어난 후에도 삶이 있다고 믿어."

오빠는 강력히 반대했습니다.

"절대 그렇지 않아. 여기가 전부라니까. 여긴 어두워도
따뜻하지. 또 우리를 먹여 주고 살려 주는 탯줄만 잘 붙들
고 있으면 딴 일을 할 필요도 없다고."

여동생도 굽히지 않았습니다.

"이 캄캄한 곳보다 더 좋은 곳이 있을 거야. 어딘가 다
른 곳 말이야. 마음껏 움직일 수 있고 환한 빛이 비치는 곳

이 반드시 있을 거야."

그렇지만 여동생은 쌍둥이 오빠를 설득시킬 수 없었습니다. 잠시 침묵이 흐른 뒤, 여동생이 재빠르게 말했습니다.

"말해 줄 게 또 있어. 오빠는 안 믿겠지만 말이야, 난 엄마가 있다고 생각해."

쌍둥이 오빠는 무척 화가 났습니다.

"엄마라고?"

오빠는 소리를 꽥 질렀습니다.

"무슨 뚱딴지같은 소리야? 난 엄마를 한 번도 본 적이 없어. 너도 그렇고. 어떤 놈이 그런 생각을 자꾸 불어넣는 거야? 내가 말했잖아. 여기가 전부라니까. 왜 늘 여기 너머를 바라는 거야? 여기도 알고 보면 그렇게 나쁘지 않아. 필요한 건 다 있으니까. 그러니까 여기에 만족하도록 해."

오빠의 기세에 눌린 동생은 잠시 말을 꺼내지 못했습니다. 하지만 동생은 자기 생각을 떨쳐 낼 수가 없었고 쌍둥이 오빠만이 유일한 이야기 상대였기 때문에, 마침내 다시 입을 열었습니다.

"가끔 무언가 꽉 조여 오는 것 같지 않아? 아주 기분이

나쁘고 어떨 땐 아프기도 해."

"나도 그래. 그런데 그게 어때서?"

"음…… 내 생각엔 이 꽉 조이는 게 다른 곳, 그러니까 여기보다 훨씬 더 아름다운 곳, 엄마 얼굴을 보게 될 곳으로 갈 준비를 하라는 표시인 것 같아. 오빠는 흥분되지 않아?"

바보 같은 말에 질려 버린 오빠는 대답하지 않았습니다. 그냥 무시해 버리는 것이 최선의 길처럼 보였기 때문이지요. 오빠는 동생이 자기를 제발 내버려 두기만 바랐습니다.

우리가 죽음을 새로운 방식으로 이해하는 데 이 이야기가 도움을 줄지 모릅니다. 우리는 지금의 삶을 우리가 가진 전부로 여기며 살 수 있으며, 죽음은 터무니없는 것이기 때문에 아예 이야기하지 않는 편이 낫다고 생각하면서 살 수 있습니다. 또는 그와 반대로 우리는 하나님의 자녀로서 권리를 주장할 수 있으며, 죽음이란 하나님의 얼굴을 맞대고 볼 수 있는 곳으로 데려다 주는 고통스럽지만 복 있는 관문이라는 사실을 믿을 수 있습니다.

## 우리는 형제자매입니다

우리가 경험하는 가장 큰 기쁨은 남들과 다르다는 데서 오는 기쁨과 남들과 같다는 데서 오는 기쁨입니다. 나는 첫 번째 기쁨을 1992년 바르셀로나 올림픽 중계방송에서 보았습니다. 수상대에 올라 메달을 받는 선수들의 기쁨은 다른 선수들보다 더 빨리 달리고 더 높이 뛰어오르며 더 멀리 던짐으로써 얻은 결과였습니다. 실제로 그 차이는 아주 작았을지도 모르지만, 그 차이의 의미만큼은 컸습니다. 그 차이 때문에 패배와 승리, 슬픔의 눈물과 환희의 기쁨이 갈라졌으니까요. 이것은 영웅의 기쁨이며 스타의 기쁨입니다. 경쟁에서 이김으로써 상과 명예와 세상의 주목을 한 몸에 받는 기쁨이지요.

나도 이런 기쁨을 잘 압니다. 학교에서 상을 탔을 때, 학급에서 반장으로 선출되었을 때, 대학 교수로 임용되었을 때, 내 책들이 출간될 때, 전공 학위를 수여받았을 때 나는 기뻤습니다. 다른 이들과 비교한 결과 남다르다는 인정을 받았을 때의 엄청난 만족감을 나는 잘 알고 있습니다. 이러한 종류의 성취들은 자기 회의를 쫓아 버리며, 자기 확신을 가져다줍니다. 이것은 '해냈다'는 기쁨, 곧 남들과 다르게 보이는 일을 해냈다는 기쁨입니다. 우리는 모두 어디에서든, 어떤 식으로든 이런 기쁨을 누리기 원합니다. 그러나 그 기쁨은 "하나님, 제가 다른 사람들과 같지 않아서 감사합니다"(눅 18:11-12)라고 말한 사람의 기쁨입니다.

설명하기는 어렵지만 발견하기는 쉬운 다른 기쁨이 있습니다. 그것은 모든 사람의 형제자매가 되는 기쁨입니다. 이 기쁨은 남다른 데서 오는 기쁨보다 가까운 곳에 있어서 더 쉽게 얻을 수 있지만, 우리 눈에 명확히 보이지는 않습니다. 이 기쁨을 발견한 사람이 아주 적은 이유가 거기 있습니다. 이것은 모든 연령과 피부색과 종교에 걸쳐 아주 다양한 사람들로 구성된 가족의 일원이 되는 기쁨입니다.

내 인생에서 몇 번 이 기쁨을 맛본 적이 있습니다. 그 중 1964년이 가장 선명하게 떠오릅니다. 그때 나는 앨라배마 지역에서 마틴 루터 킹 2세가 이끄는 민권운동 시위대에 끼어서, 수많은 사람과 함께 셀마에서 몽고메리까지 행진했습니다. 행진하면서 경험한 그 기쁨은 결코 잊지 못할 것입니다. 나는 단신으로 거기에 참여했습니다. 나를 아는 사람은 아무도 없었습니다. 대다수가 나에 대해 들어 본 적조차 없었을 것입니다. 그렇지만 어깨에 팔을 얹고 함께 걸어가면서 목청껏 '우리 승리하리라'를 불렀을 때, 나는 여지껏 한 번도 경험하지 못했던 기쁨을 경험했습니다. 나는 이렇게 혼잣말을 했습니다.

'그래, 그렇고말고, 나도 같은 일원인걸. 이들은 내 사람들이야. 다른 피부색, 다른 종교, 다른 삶의 방식을 가지고 있다 해도, 이 사람들은 내 형제들이고 자매들이야. 이 사람들은 나를 사랑하고 나도 이들을 사랑해. 이 사람들의 웃음과 눈물이 내 웃음과 눈물이야. 이 사람들의 기도와 예언이 내 기도와 예언이고, 이 사람들의 고통과 희망이 내 고통과 희망이야. 난 이 사람들과 하나야.'

우리의 모든 차이가 마치 햇볕 아래 눈처럼 녹아 버리는 것 같았습니다. 내가 저울질하던 모든 것들은 사라져 버렸습니다. 나는 인간미 넘치게 반가이 맞아 주는 팔들로 온통 둘러싸인 느낌을 받았습니다. 나와 손을 맞잡은 사람들 중에는 수년간 감옥에서 지낸 사람, 마약 중독자, 알코올 중독자, 외로움과 우울증으로 고통받는 사람 등 나와는 근본적으로 다른 삶을 사는 사람들이 거의 대부분이라는 것을 잘 알고 있었습니다. 그렇지만 내가 보기에는 그들 모두가 하나님의 사랑으로 환히 빛나는 성인(聖人) 같았습니다. 그들은 하나님의 사랑과 근본적인 용서를 받은 하나님의 사람들이었습니다. 나는 사람들과 내가 똑같다는 느낌과 모든 이들과 깊은 친교를 나누고 있다는 느낌, 그리고 우리가 서로 형제이자 자매라는 즐거운 느낌에 사로잡혔습니다.

죽음을 잘 맞이하도록 해주는 것은 바로 이 기쁨이라고 확신합니다. 다른 사람들과 같다는 데서 오는 기쁨, 인류라는 하나의 가족 안에 소속됨으로 오는 기쁨 말입니다. 우리가 과거 전성기 동안 모아들인 전리품에만 전전긍긍한다면 죽음을 잘 준비하기가 어려울 것입니다. 죽음에 감춰진 위대한 은혜의 선물은 곧 모든 사람과 하나가 되는 이것입니다. 각기 서로 다른 사람들도 예외 없이 힘없는 존재로 태어나 힘없는 존재로 죽습니다. 이 엄청난 진리의 빛 앞에서 생전의 작은 차이들은 희미해지고 맙니다. 이 인간적인 진리가 가끔은 슬픔의 이유로 제시되기도 합니다. '냉정한 진실'이라고 불리는 경우도 드물지 않게 있습니다. 이 진실을 엄청난 기쁨의 원천으로 발견하라는 것은 정말 큰 도전입니다. 이 기쁨은 우리가 죽음을 통해 이 땅의 모든 이들과 결속하여 함께 새로운 삶을 향해 떠난다는 사실을 깨우쳐 줌으로써 우리가 자유롭게 필멸성을 끌어안을 수 있게 해줄 것입니다.

좋은 죽음은 다른 사람들과 결속하는 죽음입니다. 이좋은 죽음을 준비하기 위해서, 우리는 이 결속감을 키워 나가야 하고 심화시켜야 합니다. 죽음을 향해 나아갈 때 그것을 사람들에게서 우리를 분리해 내는 사건으로 생각한다면, 죽음은 정말 슬프고 비통한 사건에 그치게 됩니다. 하지만 죽음이 무엇보다도 우리를 사람들과 결속시켜 주리라는 생각이 커진다면, 죽음은 우리와 인류의 하나됨을 축하하는 사건이 될 수 있습니다. 죽음은 다른 사람들과 분리시키는 것이 아니라, 오히려 일치시킬 수 있습니다. 죽음은 비통함이 아니라, 새로운 기쁨을 북돋아 줄 수 있습니다. 죽음은 단순히 삶을 마감하는 것이 아니라, 오히려 새로운 시작일 수 있습니다.

처음에는 이런 이야기가 터무니없이 들릴지도 모르겠습니다. 어떻게 죽음이 분리 대신 일치를 가져올까요? 죽음은 궁극적인 분리가 아닌가요? 우리가 만약 항상 '누가 최고로 강한가'에 관심을 갖는 경쟁사회의 규범에 따라 산다면, 죽음은 정말 분리가 될 것입니다. 하지만 우리가 하나님의 자녀임을 주장하며, 태어나기 전부터 하나님께 속해 있을 뿐 아니라 죽은 뒤에도 하나님께 속한다는 사실을 신뢰할 때, 우리는 경험하게 될 것입니다. 이 지구상의 모든 이들이 우리의 형제자매이며, 우리는 다 같이 출생과 죽음을 거쳐서 새로운 삶으로 향하는 여행을 하고 있다는 사실을 말입니다. 우리는 혼자가 아닙니다. 우리는 우리를 갈라놓는 차이를 뛰어넘어 하나의 공통된 인간성을 공유함으로써 서로에게 속해 있기 때문입니다. 삶의 신비는 우리가 힘 있고 강할 때가 아니라 오히려 상처받기 쉽고 연약할 때 우리의 하나 됨을 발견하게 된다는 데 있습니다.

사람은 모두 예외 없이 죽는다는 것을 경험할 때, 우리는 심오한 기쁨으로 충만해지며 두려움 없이 죽음과 대면할 수 있습니다. 우리는 "다른 사람들처럼 사는 것은 좋은 일이야"라고 말할 수 있을 뿐 아니라 "다른 사람들처럼 죽는 것도 좋은 일이야"라고 말할 수 있습니다. 어떤 이들은 일찍 죽고, 어떤 이들은 늙어 죽습니다. 어떤 이들은 단명하고, 어떤 이들은 장수합니다. 어떤 이들은 병으로 죽고, 어떤 이들은 뜻밖의 사고로 갑자기 죽습니다. 하지만 우리는 모두 죽으며, 똑같은 최후를 맞이합니다. 인간의 위대한 이 공통점을 놓고 볼 때, 우리가 어떻게 살고 죽느냐는 숱한 차이점들은 우리를 더 이상 갈라놓을 수 없습니다. 오히려 그 차이점들은 사귐의 느낌을 더 깊게 합니다. 이러한 전체 인류 간의 친교, 다시 말해 서로 소속되어 있다는 깊은 느낌은 죽음이라는 가시를 뽑아 버리고, 우리에게 역사적 삶의 한계 너머 저 아득한 곳을 가리킵니다. 어쨌든 우리는 우리의 결합이 죽음보다 더 강하다는 사실을 압니다.

여기서 우리는 예수님 말씀의 핵심에 닿게 됩니다. 예

수님은 죽음 이후에 있을 새로운 삶을 약속하심으로써 우리의 시선을 이 세계에서 돌리고자 오신 것이 아닙니다. 예수님은 우리가 모두 하나님의 자녀이기 때문에 예수님의 형제자매일 뿐 아니라, 서로서로 형제자매라는 사실을 일깨워 주고자 오셨습니다. 그렇기에 우리는 죽음을 두려워하지 않고 함께 인생을 살아갈 수 있습니다. 예수님은 우리가 하나님의 자녀 됨에 참여하길 바라실 뿐 아니라, 자녀되었기 때문에 얻을 수 있는 형제애와 자매애 또한 풍성히 누리기를 바라십니다. 예수님은 말씀하셨습니다. "아버지께서 나를 사랑하신 것 같이 나도 너희를 사랑하였으니 나의 사랑 안에 거하라"(요 15:9). "새 계명을 너희에게 주노니 서로 사랑하라 내가 너희를 사랑한 것 같이 너희도 서로 사랑하라"(요 13:34).

예수님이 돌아가신 이후 복음서를 쓴 사도 요한은 하나님의 자녀 됨과 사람의 형제자매 됨이 밀접함을 분명히 보여 주었습니다. "우리가 사랑함은 그가 먼저 우리를 사랑하셨음이라 누구든지 하나님을 사랑하노라 하고 그 형제를 미워하면 이는 거짓말하는 자니 보는 바 그 형제를 사랑하지 아니하는 자는 보지 못하는 바 하나님을 사랑할 수 없느니라 우리가 이 계명을 주께 받았나니 하나님을 사랑하는 자는 또한 그 형제를 사랑할지니라"(요일 4:19-21). 이 형제애와 자매애의 기쁨 때문에 우리는 죽음을 잘 맞이할 수 있습니다. 우리는 더 이상 홀로 죽는 것이 아니라, 모든 사람과의 친밀한 일치 속에서 죽을 수 있기 때문입니다. 이 일치는 희망을 줍니다.

전 세계에 걸쳐 굶주림과 압제와 질병과 절망과 폭력과 전쟁으로 죽어 가는 사람들은 신비한 방식으로 우리의 스승이 됩니다. 소말리아와 에티오피아에서 아이들이 죽어 가고 있습니다. 우리는 형제자매로서 마땅히 그들을 도와주어야 하지만, 동시에 우리도 언젠가는 죽는다는 사실을 깨달아야 합니다. 보스니아와 이슬람 국가와 크로아티아와 세르비아에서 사람들이 죽어 갑니다. 그들의 형제자매로서 우리는 그들이 서로 죽이지 못하도록 모든 힘을 다해야 하지만, 동시에 우리도 그들처럼 언젠가 죽는다는 사실을 인식하고 있어야 합니다. 과테말라, 인도에서도 사람들이 죽어 갑니다. 그들의 형제자매로서 우리는 그들의 압제자가 살인적인 행동을 그만두도록 최선을 다해야 하지만, 동시에 우리도 그들처럼 죽는다는 사실을 직시해야 합니다. 많은 나라에서 청년과 노인들이 암과 에이즈로 죽어 가고 있습니다. 그들의 형제자매로서 우리는 할 수 있는 한 정성껏 그들을 돌보아야 하고 계속해서 치료책을 찾아야 하지만, 동시에 우리도 그들처럼 언젠가 죽는다는 사실을 잊어서는 안 됩니다. 셀 수 없이 많은 남녀가 가난과 무관심 속에서 죽어 가고 있습니다. 그들의 형제자매로서 우리는 가진 것들을 나누어 주어야 하고 부양해 주어야 합니다. 하지만 동시에 우리도 언젠가 그들처럼 죽는다는 사실을 끊임없이 자각하고 있어야 합니다.

큰 고통과 슬픔 가운데 있는 사람들은 삶뿐 아니라 죽음에서도 결속할 것을 요구합니다. 우리가 기꺼이 그들의 죽음으로부터 도움을 받아 잘 죽고자 할 때에만, 우리는 그들이 잘 살도록 도울 수 있습니다. 우리가 소망을 갖고 죽음에 직면할 때에만, 우리도 관대하게 살아갈 수 있습니다.

우리는 모두 가난하게 죽습니다. 최후의 시간이 이르렀을 때 목숨을 연장해 주는 것은 아무것도 없습니다. 아무리 돈이 많고 권력과 영향력이 커도 죽음을 막을 수는 없습니다. 이것이 진정한 가난입니다. 하지만 예수님은 말씀하셨습니다. "가난한 자는 복이 있나니 하나님의 나라가 너희 것임이요"(눅 6:20). 죽음이라는 가난 안에는 복이 감추어져 있습니다. 그것은 우리를 모두 같은 하나님 나라의 형제자매로 만들어 주는 복입니다. 또한 그것은 죽어 가는 다른 이들이 우리에게 주는 복이며, 죽음의 때가 왔을 때 우리가 다른 이들에게 주는 복입니다. 그것은 영원한 하나님이 주시는 복이며, 출생과 죽음 너머에까지 뻗어 있는 복입니다. 그것은 우리를 영원에서 영원까지 안전하게 운반해 주는 복입니다.

병으로 몹시 고통받는 친구가 있었는데, 낫고 싶은 마음에 프랑스 루르드까지 성지순례를 떠나기로 결정했습니다. 만약 아무런 기적도 일어나지 않으면 그녀가 실망할 것 같아서 적잖이 걱정스러웠습니다. 그렇지만 그 친구는 돌아오자마자 이렇게 고백했습니다.

"저는 아픈 사람들이 그렇게 많은 걸 처음 봤어요. 무수한 사람들의 고통과 대면하게 되니, 더 이상 기적을 바라지 않게 되더군요. 저만 예외가 되고 싶지 않았어요. 이 상처받은 사람들 중 하나가 되어 그 가운데 속하고 싶은 바람이 마음 깊은 곳에서 우러나왔어요. 그래서 병을 고쳐 달라고 기도하는 대신 그 사람들과 일치를 이룸으로써 이 병을 견딜 수 있는 은총을 간구했지요."

나는 친구의 기도가 근본적으로 변했다는 데 깊이 감명받았습니다. 다른 환자들과 달라지기를 희망했던 그녀가 이제는 그들과 같아지기를 바라게 되었고, 한 고난 속에서 그들의 자매로서 아픔을 견디기를 바라게 된 것입니다.

이 이야기는 인류와 하나 되는 경험에 담긴 치유의 힘을 보여 줍니다. 이 치유의 힘은 우리가 자신의 아픔을 잘 견디면서 살 수 있게 도와줄 뿐 아니라, 죽음도 잘 맞이할 수 있게 도와줍니다. 진실로 우리는 죽음의 두려움을 치유받을 수 있습니다. 우리의 죽음을 막아 주는 기적적인 사건을 통해서가 아니라, 과거와 현재와 미래에 걸쳐 우리 존재의 연약함을 함께 나누어 가진 모든 인류와 형제자매 되는 치유의 경험을 통해서 말입니다. 이 경험을 통해서 우리는 인간 됨의 기쁨을 맛볼 수 있고, 하나님 나라에서 누릴 모든 사람과의 일치를 미리 맛볼 수 있는 것입니다.

## 우리는 다가올 세대의 부모입니다

제수씨인 메리나는 이제 겨우 마흔여덟 살입니다. 그녀는 지금 죽어 가고 있습니다. 5년 전 암 진단을 받은 이후 메리나의 인생은 줄곧 암과 싸우고 수없이 치료를 받아야 하는 긴 고통의 연속이었습니다. 의학 전문가들은 세 번의 큰 수술과 무수한 화학요법으로 암을 제거하여 메리나의 삶을 연장시키려고 애썼습니다.

동생 폴도 암을 이길 수 있다는 희망을 아내에게 심어 주기 위해 온갖 노력을 다 기울였습니다. 하지만 마침내 다른 사람들처럼 동생도 이 싸움에서 패배했다는 것을 깨달았습니다. 내가 이렇게 글을 쓰고 있는 동안, 메리나는 자신의 죽음을 준비하고 있습니다.

지난 몇 년간 메리나와 함께 그녀의 병과 죽음에 대해서까지 이야기를 나눌 기회가 종종 있었습니다. 메리나는 쉽게 감상에 빠지지 않는 강인한 여성입니다. 그래서 상황을 있는 그대로 보기를 좋아합니다. 메리나에게는 선의의 거짓말로 안심하거나 위로받을 시간이 없습니다. 투병을 돕는 의사와 간호사들에게 충분히 협조하기는 하지만, 자신이 동의할 수 없는 결정을 타의에 의해 내리려고 하지는 않습니다. 또한 자신이 지지하지 못하는 종교적 신념에서 영적인 지원을 받는 것도 원하지 않습니다. 종종 나의 영적인 관점을 물어볼 때도 있지만, 삶과 죽음─다른 이의 죽음뿐 아니라 자신의 죽음까지─에 대한 자기 생각이 뚜렷합니다.

해를 거듭하면서 병세가 악화되자, 메리나는 더욱 그림과 시를 통해서 자신을 표현하게 되었습니다. 취미 삼아 시작한 일이었지만 갈수록 중요한 활동이 되어 갔습니다. 몸이 약해지면 약해질수록 메리나의 작품 스타일은 더욱더 강인해졌고 더 직접적이 되었으며 장식이 없어졌습니다. 특히 메리나의 시들은 죽음과 친해지려는 투쟁의 직접적인 산물이었습니다.

메리나는 활동적이며 생산적인 삶을 살아왔습니다. 그녀는 랭귀지 스쿨의 선생님이자 공동책임자로서 성실하게 경력을 쌓았으며, 새로운 창조적 교육법도 도입했습니다. 하지만 병이 이 모든 것에 무자비하게 끼어들어 그토록 사랑했던 세상을 버리라고 강요했습니다. 투병 생활을 시작하면서 수많은 교육 활동 대신 예술 활동이 새로운 삶의 원천으로 자리 잡게 되었습니다. 메리나는 내게 자주 자작시를 암송해 주었고, 내 느낌을 묻곤 했습니다. 대부분의 시는 장난스럽거나 익살스럽게 비튼 것들이었는데, 이것들은 모두 날이 갈수록 버릴 것들이 많아지고 있다는 깨달음과 숱한 이별의 시간 속으로 들어가고 있다는 깨달음을 표현하고 있었습니다.

나는 메리나가 죽음을 준비하는 것을 보면서, 그녀가 이 과정을 선물로 만들어 가고 있음을 서서히 깨닫게 되었습니다. 동생 폴과 그 가족과 친구들뿐 아니라, 간호사와 의사들에게, 또한 메리나와 이야기를 나누었거나 시를 나누었던 많은 그룹의 사람들에게도 그것은 선물이었습니다. 그녀는 전 생애를 가르치면서 보냈고 지금은 죽음을 준비하는 일을 통해 또 가르치고 있는 것입니다. 메리나의 성공담과 업적들은 곧 잊힌다 해도, 그녀가 죽어 가면서 보여 준 열매들은 오랫동안 남아 있으리라는 생각이 스쳐 지나갑니다. 메리나에게는 아이가 없습니다. 그래서 자신이 고유하게 사회에 기여할 수 있는 바가 무엇인지 생각하곤 했습니다. 메리나는 어머니가 되는 기쁨을 누리지는 못했지만, 죽음을 맞이하는 삶의 방식을 통해 많은 이들의 부모가 되었습니다. 이 마지막 5년은 메리나의 삶에서 가장 생산적인 시기로 드러났습니다. 그녀는 다른 사람을 위하여 죽는다는 것이 무엇을 뜻하는지 아주 새롭게 보여 주었습니다. 다른 사람을 위해 죽는다는 것은 곧 다가올 세대에게 부모가 된다는 뜻입니다.

나는 임박한 죽음에 관해 예수님이 하신 말씀에 가장 큰 영향을 받았습니다. 예수님은 가장 가까운 이들에게 직설적으로 자신의 최후를 이야기했습니다. 예수님은 자신의 죽음이 몰고 올 슬픔과 비통함을 아시면서도 그 죽음을 좋은 것으로 선포하셨고, 은총과 약속과 소망이 가득함을 선포하셨습니다. 죽음의 목전에서 예수님은 말씀하셨습니다. "지금 내가 나를 보내신 이에게로 가는데 너희 중에서 나더러 어디로 가는지 묻는 자가 없고 도리어 내가 이 말을 하므로 너희 마음에 근심이 가득하였도다 그러나 내가 너희에게 실상을 말하노니 내가 떠나가는 것이 너희에게 유익이라 내가 떠나가지 아니하면 보혜사가 너희에게로 오시지 아니할 것이요 가면 내가 그를 너희에게로 보내리니…… 진리의 성령이 오시면 그가 너희를 모든 진리 가운데로 인도하시리니 그가 스스로 말하지 않고 오직 들은 것을 말하며 장래 일을 너희에게 알리시리라"(요 16:5-7, 13). 처음에는 이 말씀들이 이상하고 낯설거나, 심지어 삶과 죽음에 대한 일상적 투쟁과 동떨어진 말로 들릴지도 모르겠습니다. 하지만 죽음에 직면한 메리나를 비롯하여 많은 친구들과 이야기를 나눈 이후, 이 말씀이 새롭게 다가왔습니다. 그 말씀은 이들의 경험에 담긴 가장 깊은 의미를 표현하고 있는 것입니다. 우리는 예수님이 죽음을 앞두고 자신과 친구들을 준비시키신 이 방식이 '보통의' 인간적인 방식을 초월한 것이라고 생각하기 쉽습니다. 하지만 사실 예수님이 죽음을 맞이하신 방식은 우리에게 희망적인 본보기가 됩니다. 우리는 친구들에게 이렇게 말할 수 있습니다. "내가 떠나는 것이 유익해. 내가 떠나면 너희에게 성령을 보낼 수 있기 때문이야. 그리고 성령이 너희에게 다가올 일들을 일러 주실 거야"라고 말입니다. 이것이 바로 메리나가 자신의 죽음을 애도하는 사람들에게 새로운 생명을 줄 시와 그림을 통해 말하고 싶었던 것이 아닐까요? '성령을 보낸다'는 것은, 죽음이 사랑하는 이들을 홀로 내버려 두는 일이 아니라 살아 있을 때보다 더 깊고 새로운 결합을 주는 일임을 나타내는 최상의 표현이 아닐까요? '다른 이들을 위해 죽는다'는 것은, 다른 이들이 우리 사랑의 성령으로 강해져서 계속 잘 살아갈 수 있도록 죽는다는 뜻이 아닐까요? 어떤 이들은 고개를 저으면서 이렇게 말할지도 모릅니다.

"하나님의 외아들인 예수님은 우리에게 그분의 성령을 보내셨지…… 하지만 우리는 예수님이 아니잖아. 그리고 우리에게는 보낼 수 있는 성령도 없어!"

하지만 예수님의 말씀에 깊이 귀 기울일 때 깨닫는 것은, 우리가 예수님처럼 살고 예수님처럼 죽으며 예수님처럼 부활하도록 초대받았다는 것입니다. 우리는 예수님을 성부 하나님과 일치시키는 거룩한 사랑이신 성령을 받았습니다. 예수님의 죽음뿐 아니라 우리의 죽음도 다른 사람들에게 유익을 주게 됩니다. 우리의 죽음도 다른 사람들의 삶 안에서 열매 맺게 됩니다. 우리의 죽음도 남은 사람들에게 성령을 모셔올 수 있습니다. 성령 안에서 성령과 함께 살았던 모든 이들이 죽음을 통해서 성령을 보냄에 참여한다는 것은 큰 신비입니다. 이렇게 하여 사랑이신 하나님의 성령은 계속해서 우리에게 임하시며, 예수님의 죽음은 다른 이들을 위해 죽으신 그 죽음을 본받는 이들의 죽음을 통해 계속해서 열매를 거둡니다.

이러한 방식으로 죽음은 영원토록 열매 맺는 길이 됩니다. 바로 여기에 죽음의 가장 희망적인 측면이 있습니다. 죽음은 성공이나 생산성이나 명망(名望)의 종말일지는 모르지만, 열매의 종말은 아닌 것입니다. 사실은 그 반대입니다. 우리 삶의 열매는 우리가 죽은 뒤에야 비로소 그 온전한 모습을 드러내기 때문입니다. 우리 자신이 그 열매를 보거나 경험하는 일은 드뭅니다. 우리는 자주 업적에만 몰입하기 때문에 삶의 열매를 볼 수 있는 시야를 갖지 못합니다. 하지만 삶의 아름다움은 삶이 끝난 지 한참 지나서도 열매를 맺는다는 사실에 있습니다. 예수님은 말씀하십니다. "내가 진실로 진실로 너희에게 이르노니 한 알의 밀이 땅에 떨어져 죽지 아니하면 한 알 그대로 있고 죽으면 많은 열매를 맺느니라"(요12:24).

이것이 바로 예수님의 죽음이 지닌 신비이며, 그의 성령 안에서 살았던 모든 이들의 죽음이 지닌 신비입니다. 그들의 삶은 시공간에 얽매이는 존재의 한계를 뛰어넘어 열매를 맺습니다. 어머니가 돌아가신 지 몇 년이 지났지만 어머니는 내 삶에서 계속 열매를 맺고 있습니다. 어머니가 돌아가신 후 내가 내린 중요한 결정 중 많은 것들은 바로 어머니가 계속 보내 주신 성령의 인도였음을 나는 깊이 인식하고 있습니다.

예수님은 40년도 채 못 사셨습니다. 그는 유다 밖으로 나가 보신 적도 거의 없었습니다. 예수님이 사신 동안 그를 알았던 사람들도 그를 거의 이해하지 못했습니다. 그리고 그가 돌아가시자 따르던 사람들조차 거의 다 떠나고 말았습니다. 예수님의 삶은 모든 면에서 실패작이었습니다. 성공도 거두지 못했고, 대중의 인기도 사그라들었고, 가졌던 힘도 다 사라져 버렸습니다. 그러나 지금껏 예수님의 삶처럼 열매를 맺고 있는 삶은 거의 없습니다. 그처럼 다른 사람들의 사고와 정서에 깊이 영향을 준 삶도 거의 없습니다. 그처럼 미래의 문화를 크게 형성한 삶도 없으며, 그처럼 인간관계 양상에 혁신적 영향을 준 삶도 거의 없습니다.

예수님은 자신이 돌아가신 후에 비로소 삶의 열매가 명확히 드러나리라고 말씀하셨습니다. 그리고 제자들이 지금은 자신의 말과 행동을 이해하지 못하지만 언젠가 이해할 때가 오리라는 점을 강조하셨습니다. 예수님은 베드로의 발을 씻기시면서 이렇게 말씀하셨습니다. "예수께서 대답하여 이르시되 내가 하는 것을 네가 지금은 알지 못하나 이 후에는 알리라"(요 13:7).

예수님께서는 성부 아버지께 돌아가시는 일에 대해 이렇게 말씀하셨습니다. "내가 아직 너희와 함께 있어서 이 말을 너희에게 하였거니와 보혜사 곧 아버지께서 내 이름으로 보내실 성령 그가 너희에게 모든 것을 가르치고 내가 너희에게 말한 모든 것을 생각나게 하리라"(요 14:25-26). 예수님이 사셨던 삶의 온전한 의미는 그분의 죽음 이후에야 비로소 드러났던 것입니다.

이것은 또한 이전에 살았던 많은 위인들에게도 해당되는 일이 아닙니까? 그들이 살았던 삶의 온전한 의미는 죽은 지 오랜 후에야 비로소 드러나는 경우가 많습니다. 어떤 이들은 살아 있는 동안 거의 알려지지 않았고, 또 어떤 이들은 오늘날 우리가 기억하는 이유와는 전적으로 다른 이유에서 유명했습니다. 어떤 이들은 성공과 명성을 얻었고, 또 어떤 이들은 끝없는 실패와 배척으로 고통당했습니다. 하지만 우리의 사고방식과 행동방식을 형성해 온 위대한 인물들은 그들 자신도 알지 못했고 내다보지 못했던 열매를 맺고 있습니다.

로렌스 수사는 수많은 예들 중 하나에 불과합니다. 그는 1614년부터 1691년까지 프랑스 가르멜 수도회에서 요리사와 구두 수선공으로 일하며 평범하게 살았습니다. 그가 죽고 난 뒤 '하나님의 임재 안에서 살아가기'에 대한 편지와 묵상이 출간되었는데, 이것은 오늘날까지 많은 이들의 영적인 삶에 영향을 끼치고 있습니다. 로렌스 수사의 삶은 특별하지는 않았지만 열매를 맺는 삶이었습니다. 로렌스는 자신이 다른 사람들의 삶에 그토록 많은 영향을 끼치리라고 결코 생각하지 못했습니다. 그는 단지 자신처럼 다른 이들도 하나님의 임재 안에서 모든 일을 하기를 바랐을 뿐입니다.

그러므로 우리가 죽음 앞에서 던질 수 있는 참된 질문

은 '내가 아직 얼마나 성취할 수 있는가?', '내가 아직 얼마나 영향력을 행사할 수 있는가?'가 아닙니다. 진짜 참된 질문은 '내가 가족과 친구들 곁을 떠난 후에도 계속 열매를 맺으려면 어떻게 살아야 하는가?'입니다. 그 질문은 우리의 관심사를 행위에서 존재로 옮겨 줍니다. 행위는 성공을 낳지만, 존재는 열매를 맺습니다. 삶의 커다란 역설은 이것입니다. 우리는 우리가 해야 할 일과 할 수 있는 일에 신경을 쓰지만, 사람들은 우리가 어떤 사람이었느냐로 우리를 기억한다는 것입니다. 사랑, 기쁨, 평화, 온유, 용서, 용기, 인내, 소망 그리고 믿음을 주시는 성령께서 우리의 삶을 인도하신다면, 그 성령의 열매는 결코 죽지 않고 한 세대에서 다음 세대로 계속 자라갈 것입니다.

메리나의 죽음과 나 자신의 죽음에 대해 곰곰이 생각할 때마다, 나는 삶의 큰 도전을 느낍니다. 내가 살고 있는 사회는 끊임없이 손에 잡히는 어떤 결과를 요구하지만, 나는 그 결과들이 의미 있음으로 판명될 수도 있고 그렇지 않을 수도 있음을 차근차근 배워 나가야 합니다. 참으로 중요한 것은 삶의 열매입니다. 늙고 약해질수록 점점 더 일을 못하게 될 것입니다. 내 몸과 정신은 점점 약해질 것입니다. 책을 읽으려면 눈을 더 가까이 들이대야 할 것이고, 이웃의 말을 이해하려면 귀를 더 가까이 가져가야 할 것입니다. 기억력이 약해져서 다른 이들의 웃음거리가 될 짓을 자주 할 것이고, 비판적 사고의 감퇴로 점점 재미없는 토론자가 되어 갈 것입니다. 그럼에도 하나님의 성령께서 나의 연약함 속에서 당신을 드러내시고 그가 원하는 곳으로 움직이셔서, 형편없이 쇠락해 가는 내 몸과 정신에서 열매를 맺으시리라 믿습니다.

그러므로 나의 죽음은 참으로 새로운 출생이 될 것입니다. 지금은 내가 다 말할 수 없고 생각할 수 없는 새로운 것이 존재하게 될 것입니다. 그 존재는 나의 역사적 삶을 초월하여 세대에서 세대로 이어질 어떤 것입니다. 이렇게 해서 나는 새로운 부모, 미래의 부모가 되는 것입니다.

나는 에이즈에 걸린 친구들 생각을 매일 합니다. 내가 개인적으로 아는 이도 있고, 친구의 친구로서 소식을 듣는 이도 있으며, 또 직접 쓴 글이나 그들의 이야기를 다룬 글을 통해 아는 이들도 많습니다. 이 무시무시한 전염병이 알려진 초기부터 이 병에 걸린 많은 젊은 형제들과 자매들이 친밀하게 느껴졌습니다. 그들은 모두 자신들이 오래 살지 못할 것이며 어렵게 죽으리라는 사실, 또 때로는 고통스럽게 죽으리라는 사실을 알고 있습니다. 나는 진심으로 그들을 돕고 싶고, 그들과 함께 지내면서 위로하고 돌보아 주고 싶습니다. 다른 이들의 품에 안겨 보살핌 받기를 간절히 원하던 그들이 오히려 질병과 죽음을 발견하게 되었다는 이 비극이 내 가슴을 찢습니다. 나는 하늘을 향해 울부짖곤 합니다. "하나님! 교제와 친밀함에 대한 인간의 갈망이 왜 분리와 고통으로 나아가야 합니까? 단지 사랑받기를 원하는 이 많은 젊은이들이 왜 병원과 외로운 방에서 시들어야 합니까? 왜 사랑과 죽음은 이토록 가까이 있습니까?"

'왜'라는 질문은 중요하지 않을 수도 있습니다. 정말 중요한 것은 아름다운 이름과 아름다운 얼굴을 지닌 젊은이들입니다. 그토록 갈망하던 사랑을 왜 발견하지 못했는지 알지 못하는 그 젊은이들입니다. 나는 그들의 고통이 내 고통에서 그리 멀지 않기에 더욱 친밀감을 느낍니다.

나 역시 사랑하고 사랑받기를 원합니다. 나 역시 죽어야 합니다. 나 역시 사랑을 향한 갈망과 고통 사이의 신비한 연관성을 알고 있습니다. 진심으로 나는 사랑에 굶주려 죽어 가는 모든 사람들을 내 품에 끌어안고 붙잡아 주고 싶습니다.

최근에 나는 폴 모네트(Paul Monette)의 감동적인 책《저당잡힌 시간》(Borrowed Time)을 읽었습니다. 작가는 자신의 친구인 로저 호리츠가 에이즈와 치르는 전쟁을 고통으로 가득 찬 세부 묘사를 통해 그리고 있습니다. 마치 책 전체가 하나의 전쟁 구호 같습니다. "우리는 적을 물리칠 것이다. 우리는 악의 세력이 우리 삶을 파괴하도록 내버려 두지 않을 것이다." 그것은 영웅적인 전투입니다. 그 전투에서는 모든 생존 수단이 시도됩니다. 하지만 그것은 패배한 전투입니다. 로저는 죽고 폴은 홀로 남습니다. 최후에는 죽음이 사랑보다 강하다는 뜻일까요? 결국 우리는 모두 패배자라는 뜻일까요? 생존을 위한 우리의 모든 투쟁은 결국 다리에 걸린 덫을 이빨로 갈아 빠져나오려 했던 어느 여우만큼이나 어리석고 어리석은 것일까요? 많은 이들은 그렇게 느낄 것이 분명합니다. 이 책의 인물들이 이길 수 없는 죽음의 힘에 직면해서 정당한 싸움을 벌인 것은 단지 깊은 인간적 자긍심 때문일 것입니다. 나는 폴과 로저가 냉혹한 전쟁을 치러낸 그 방식을 정말 존경

합니다. 하지만 예수님의 삶과 죽음, 그리고 많은 제자들의 삶과 죽음을 생각할 때, 나는 생존을 위한 비극적인 싸움 너머에 생명을 위한 희망적인 싸움이 있음을 믿고 싶습니다. 나는 궁극적으로는 사랑이 죽음보다 강하다는 사실을 믿고 싶고, 참으로 그렇다고 믿고 있습니다. 제시할 만한 근거는 내게 없습니다. 오직 예수님의 이야기가 있을 뿐이며, 예수님의 삶과 말씀이 주는 생명의 진리, 그것을 믿는 이들의 이야기가 있을 뿐입니다. 이 이야기들은 내게 새로운 삶의 길과 새로운 죽음의 길을 보여 줍니다. 내게는 이 길을 다른 이들에게 보여 주고자 하는 깊은 바람이 있습니다.

캘리포니아 주 오클랜드에 있는 가톨릭 봉사자의 집인 베다니의 집으로 릭을 찾아갔을 때, 나는 책 속의 폴이 로저에게 말해 줄 수 없었던 그 무엇을 릭에게 전하고 싶었습니다. 폴의 경험에 따른다면 교회에는 에이즈 환자들에게 말해 줄 만큼 중요한 것이 없습니다. 폴은 교회를 위선적이고 억압적이며 사람들을 거부하는 곳으로만 생각했으니 말입니다. 그는 기독교의 이야기보다는 그리스 신화에서 더 많은 위안을 찾았습니다. 하지만 릭의 손을 붙잡

고 그 두려움 가득한 눈을 들여다보았을 때 나는 깊이 느
꼈습니다. 그가 계속 살아야 할 짧은 시간은 장렬히 패배
할 수밖에 없는 생존 투쟁을 넘어설 수 있다는 사실을 말
입니다. 나는 그가 알게 되고 믿게 되기를 바랐습니다. 남
은 시간의 의미는 그가 무엇을 할 수 있는지가 아니라, 할
수 있는 일이 아무것도 없을 때 맺히는 열매에 달려 있음
을 말입니다. 릭이 말했습니다.

"제 친구들에게는 미래가 있지요. 하지만 전 죽음만 기
다려야 해요."

나는 무슨 말을 해야 할지 몰랐습니다. 하지만 어떤 말
도 그에게 별 도움이 되지 않으리라는 것을 알았습니다.
나는 한 손으로 그의 손을 끌어 잡고 다른 손은 그의 이마
에 얹은 채, 눈물이 그렁그렁한 그의 눈을 들여다보면서
말했습니다.

"릭, 무서워하지 말게. 무서워하지 말게. 하나님은 나보
다 자네에게 가까이 계신다네. 남은 시간이 자네 인생에
가장 중요한 시간들이 되리라는 걸 믿게. 자네에게도, 그
리고 자네가 사랑하는 사람들과 자네를 사랑하는 사람들
에게도 말일세."

68

나는 릭의 몸에서 긴장이 풀리는 것과 그의 울먹임 가운데 미소가 번지는 것을 느꼈습니다. 그는 말했습니다.

"고마워요. 정말 고마워요."

릭은 팔을 뻗어서 나를 끌어당기더니 내 귀에 대고 속삭였습니다.

"당신의 말을 믿고 싶어요. 정말 믿고 싶어요. 하지만 쉽지는 않군요."

릭뿐 아니라 릭과 같은 병으로 죽어 가는 많은 젊은이들을 생각할 때마다, 내 안에 있는 모든 것들이 들고일어나 저항하곤 합니다. 에이즈에 걸린 이들이 어차피 패배할 싸움을 벌이고 있다고 생각하려는 마음은 하나의 유혹임을 알고 있습니다. 하지만 내 안에서 끌어모을 수 있는 모든 믿음으로, 나는 그들의 죽음이 열매를 맺으리라는 것과 그들이 진실로 앞으로 올 세대의 부모로 부름 받았다는 것을 믿습니다.

## 죽음을 잘 맞이하기 위한 선택

죽음과 친해지려면 우리가 하나님의 자녀이자 모든 이들의 형제자매인 동시에 앞으로 올 세대의 부모임을 믿어야 합니다. 그렇게 할 때 죽음을 터무니없다며 거부하는 대신, 새로운 삶을 향한 관문으로 삼을 수 있습니다.

우리 사회는 '아이다움'이 어른이 되면서 버려야 할 것으로 경시되며, 끊임없이 일어나는 전쟁과 인종 간 갈등으로 형제애와 자매애가 조롱받고, 오직 제한된 시간에 거둘 수 있는 성공에만 초점이 모아지고 있습니다. 이런 사회에서 죽음이 하나의 관문이 되기란 불가능한 일처럼 보입니다.

그러나 예수님은 우리를 위해 이 길을 열어 주셨습니다. 삶과 죽음에서 그분의 방식을 선택한다면, 우리도 사도 바울처럼 죽음을 조롱하며 맞설 수 있습니다. "사망아 너의 승리가 어디 있느냐 사망아 네가 쏘는 것이 어디 있느냐"(고전 15:55). 이것은 어려운 선택의 문제입니다. 우리를 둘러싼 어둠의 힘은 너무나 막강하기 때문에, 쉽게 우리를 유혹하여 우리의 생각과 말과 행동을 죽음의 두려움에 내어 주게 합니다.

하지만 우리는 예수님처럼 죽음과 친해지는 길을 선택할 수 있습니다. 우리는 궁극적인 열매를 믿으면서, 모든 사람들과 하나 되어 하나님의 사랑받는 자녀로 살 것을 선택할 수 있습니다. 그럼으로써 다른 이들을 돌보는 사람이 될 수 있습니다. 인간의 유한한 운명에 맞선 우리는 형제와 자매들이 죽음의 어둠을 내쫓도록 도와줄 수 있으며, 그들을 하나님의 은혜의 빛으로 인도할 수 있습니다.

이제 어떻게 다른 이들을 돌볼 수 있을지 이야기해 봅시다.

2부

＊

죽음을
앞둔 사람을
돌봄

## 인간 존재의 중심에 있는 것

죽음과 친해지는 것은 평생에 걸친 영적 과제이지만, 아주 다른 의미에서 동료 관계에 깊이 영향을 끼치는 과제이기도 합니다. 우리가 깊은 자기 이해를 향해 한 걸음 내디딜 때마다, 우리는 삶을 함께하는 사람들에게 다가가게 됩니다. 죽음의 가시를 없애 버릴 진리에 따라 살 때, 다른 이들도 진리를 발견하도록 이끄는 선물이 우리 안에서 발견됩니다. 이것은 우리가 먼저 죽음과 친해져야 다른 사람도 그와 같이 도울 수 있다는 말이 아닙니다. 우리 자신이 죽음과 친해지는 일과 다른 이들도 그러하도록 도와주는 일은 별개가 아닙니다. 성령 안에서는 삶과 돌봄이 하나입니다.

우리 사회는 돌봄과 삶을 다른 것으로 여겨서, 돌봄은 주로 특별한 훈련을 받은 전문가들이 직업적으로 한다고 여깁니다. 훈련은 중요하며, 어떤 이들은 그 일을 능숙하게 해내도록 준비하는 과정이 필요합니다. 그럼에도 돌봄은 모든 이의 특권이며, 인간 존재의 중심에 있는 것입니다. '일'(pro-fession)의 본래 뜻을 보면 '자신만의 가장 깊은 확신을 고백한다'(profess)는 의미가 있습니다. 이것은 삶과 돌봄의 본질적이고도 영적인 일치를 분명히 보여 줍니다.

이제부터는 죽어 가는 사람들을 돌보는 문제를 생각해 보겠습니다. 무엇보다 죽어 가는 사람을 돌보는 것은 곧 우리 인간들이 죽음과 친해지도록 돕습니다. 이 성찰을 통해 자신의 죽음과 친해지는 만큼 참으로 다른 이들을 돌볼 수 있다는 것이 분명히 전해지기를 바랍니다. 앞으로 쓸 세 장은 이 책의 첫 세 장과 나란히 갑니다. 즉 다른 이를 돌봄은 그들도 하나님의 자녀이며 우리의 형제자매이고 앞으로 올 세대의 부모라는 영적 진리를 그들 스스로 주장할 수 있도록 돕는 것입니다.

## 여러분은 하나님의 어린 자녀입니다

이 책을 쓰기 열흘 전 세상을 떠난 모리스 굴드(모우)는 데이브레이크 공동체에서 처음 만난 이 중 하나였습니다. 나는 첫 한 주를 그린하우스에서 보냈는데 그는 그곳 식구였습니다. 모우는 다운증후군으로 태어났습니다. 그는 적지 않은 햇수를 부모님과 누이와 함께 살았습니다. 그분들은 모우를 사랑으로 돌보아 주었습니다. 모우는 40대 초반에 데이브레이크 공동체에 왔는데, 죽기 2년 전부터 알츠하이머병 증세를 보이기 시작했습니다. 그가 죽을 때까지 공동체는 알츠하이머 환자들에게 필요한 방식으로 그를 돌보려 애썼습니다. 의사들은 모우가 오래 살 수 없으니 우리뿐 아니라 모우 자신도 준비해야 한다고 충고했습니다.

모우를 돌보는 일은 그의 가족과 친구들 및 그린하우스에서 함께 살았던 이들에게 큰 도전이 되었습니다. 그것은 고통스러우면서도 기쁜 도전이었습니다. 모우는 기억력이 떨어졌고 사람을 알아볼 수 있는 능력이나 방향 감각, 음식을 먹는 능력을 잃어 가면서 점점 불안해했고, 이전의 유쾌한 모습을 잃기 시작했습니다. 모우가 점점 완전한 의존상태로 접어드는 것을 지켜보는 것은 힘겨운 일이었습니다. 우리가 해줄 수 있는 것보다 더 많은 도움이 필요하다는 것도 문제였습니다. 마침내 모우는 근처 병원으로 옮겨졌습니다. 실력 있는 의료진과 그린하우스 식구들이 마지막 몇 달 동안 그를 돌보아 주었습니다.

모우를 떠올리면 가장 인상 깊은 기억은 푸짐한 포옹입니다. 모우는 자주 두 팔을 활짝 벌리면서 걸어와 나를 한껏 끌어안고서, "주 은혜 놀라와"라고 속삭이곤 했습니다. 자신이 좋아하는 그 찬송을 함께 부르자는 뜻이었습니다. 또 기억나는 것들이 있습니다. 그는 춤추는 것과 먹는 것을 즐겼고, 흉내를 내서 사람들 웃기기를 좋아했습니다. 모우는 나를 흉내 낼 때마다 코에 걸린 안경을 위아

래로 들었다 났다 하면서 요란한 몸짓을 보여 주곤 했습니다.

공동체에서 멀리 떨어진 이곳 프라이부르크의 방 안에 앉아 모우를 떠올리면서, 나는 모우가 하나님의 자녀였으며 지금 더욱 그러하다는 것을 어느 때보다 강렬하게 느끼고 있습니다. 친구들은 모우의 '제2의 유아기'에 워낙 친숙했기 때문에 큰 인내와 후한 너그러움으로 그를 돌볼 수 있었습니다.

모우가 앓던 다운증후군과 알츠하이머병은, 우리 모두 언젠가 어떤 식으로든 떠나야 할 여행을 극적인 방식으로 보여 주었습니다. 그렇지만 그 여행의 끝에서 보게 되는 것은 무엇일까요? 능력을 모두 상실하고 사람들에게 짐이 되어 버린 한 인간일까요? 아니면 이전보다 더 하나님의 자녀가 되고 순수한 은혜의 도구가 된 사람일까요? 나는 모우가 내 눈을 들여다보면서 "주 은혜 놀라와"라고 말하곤 했던 시간들을 떠올리지 않을 수 없습니다. 그 옛 찬양을 늘 부를 준비가 되지는 않아서, "다음에 부를게" 하고 대답할 때가 많았습니다. 모우가 떠나 버린 지금, 그가 고집스럽게 되풀이하던 "주 은혜 놀라와, 주 은혜 놀라와"가

귓가에 계속 맴돕니다. 이것은 하나님께서 내게 모우의 삶과 모든 이들의 신비를 일러 주시는 방식입니다.

데이브레이크에 있는 이들은 대부분 일상적 일을 하지 못합니다. 걷지 못하거나, 읽지 못하고, 셈할 줄 모르거나, 혼자 옷을 입지 못하며, 어떤 이들은 앞서 말한 어느 것도 할 줄 모릅니다. 치유를 기대하는 사람은 아무도 없습니다. 우리는 알고 있습니다. 나이가 들수록 이 모든 일들이 더 힘들어지리라는 것과, 장애를 지닌 이들과 장애를 지니지 않은 이들 사이의 차이가 갈수록 줄어들 것이라는 사실을 말입니다. 우리는 결국 어떻게 될까요? 점점 힘을 잃어 가다가 처음의 먼지로 되돌아가는 것일까요? 아니면 모우가 늘 부르고 싶어 했던 그 놀라운 은혜를 다른 이들에게 일깨워 주는 사람이 되어 가는 것일까요? 우리는 근본적으로 다른 이 두 가지 관점 사이에서 선택해야 합니다.

우리 자신과 다른 이의 능력 소실을 하나님의 은혜로 가는 관문으로 여기는 것은 믿음의 선택입니다. 그것은 예수님의 십자가에서 실패뿐 아니라 승리를, 죽음뿐 아니라 새로운 삶을, 벌거벗음뿐만 아니라 영광을 보는 확신에 기초한 선택입니다. 예수님의 사랑받는 제자 사도 요한은 십자가에 달린 예수님의 옆구리에서 피와 물이 흘러 내리는 것을 보았을 때, "다 이루었다"는 증거를 넘어서는 무엇을 보았습니다. 그는 "저희가 그 찌른 자를 보리라"는 예언의 성취를 보았던 것입니다. 그는 죽음을 이기신 하나님의 승리와 놀라운 은혜의 표시를 보았습니다. 요한은 이렇게 썼습니다. "이를 본 자가 증언하였으니 그 증언이 참이라 그가 자기의 말하는 것이 참인 줄 알고 너희로 믿게 하려 함이니라"(요 19:35).

이것은 신앙의 선택입니다. 알츠하이머병으로 몸과 마음이 소모된 모우가 죽음을 통해서 우리에게 놀라운 은혜를 주었다고 말하는 것은 우리의 선택입니다. 죽어 가는 사람들을 하나님의 사랑받는 자녀들에게 합당한 모든 섬세함과 친절로 보살펴 주는 것은 우리의 선택입니다. 바로 그 선택 때문에 우리는 가난한 사람들과 약물 중독자들, 에이즈나 암에 걸린 사람들 속에서 예수님의 얼굴을 볼 수 있습니다. 그 선택은 예수님의 영으로 감동된 마음과, 사람들이 죽어 가는 곳에서는 어디서든지 성령을 알아볼 수 있는 마음에서 나옵니다.

최근에 나는 정신장애인을 위한 요양소들을 책임 감독

하고 있는 몇몇 기독교 기관의 지도자 회합에 참석했습니다. 그들에 따르면 자유시장 경제에서 사람을 돌보는 일은 수요와 공급으로 설명됩니다. 즉 환자는 구매자이고, 직업적으로 돌보는 사람은 판매자라는 것입니다. 이러한 언어와 시각은 고도 금융의 경쟁세계 안에서 인간을 일개 상품으로 전락시키는 말 같습니다. 이런 언어들은, 모리스 굴드 같은 사람의 죽음을 축하하는 일을 더 이상 부추기지 않겠다는 시각을 선택한 것입니다. 놀라운 은혜가 그다지 놀랍지 않은 사업의 고려 사항으로 대체되고 말았습니다.

여기에서 돌봄은 다른 사람에게 쏟는 사랑의 관심을 가리킵니다. 그 사람이 생존을 위해 요청해서도 아니고, 그 사람이나 보험회사가 대가를 지불해 주어서도 아니며, 돌봄으로 직업을 얻으려는 것도 아니고, 죽음을 앞당기는 것을 법이 금지해서도 아니며, 그 사람의 사례를 의학 연구에 활용하려는 것도 아닙니다. 이유는 오직 하나, 우리가 하나님의 자녀인 것처럼 그 사람 또한 하나님의 자녀이기 때문입니다.

점점 쇠약해지면서 죽음에 다가가는 사람들을 돌볼 때 그들이 자신의 가장 깊은 소명을 이루도록 돕습니다. 전에도 그러했지만 이제 더욱더 온전히 하나님의 아들과 딸이 되어야 한다는 그 소명 말입니다. 이것은 특별히 임종 시간에 그들이 하나님의 자녀 됨을 주장할 수 있도록, 그리고 하나님의 성령이 그들 마음속에서 "아빠 아버지"(갈 4:6)라고 부르도록 돕는 일입니다. 죽어 가는 사람들을 돌보는 것은 계속해서 이렇게 말하는 것입니다.

"당신은 하나님의 사랑스러운 딸입니다. 당신은 하나님의 사랑스러운 아들입니다."

어떻게 이렇게 말할 수 있을까요? 방법은 수없이 많습니다. 대화를 나누거나 함께 기도하거나 축복해 줄 수 있습니다. 또 부드럽게 어루만져 주거나 손을 잡아 주거나 몸을 씻어 주거나 음식을 떠먹여 줄 수도 있습니다. 이야기를 들을 수도 있고, 그저 함께 있을 수도 있습니다. 이러한 것 중 어떤 것은 도움이 될 수도 있고, 또 어떤 것은 도움이 되지 않을 수도 있습니다. 그러나 이 모든 것은 하나님께서 그들을 정말로 소중히 여기신다는 우리의 믿음을 표현합니다. 우리는 곁에서 그들을 돌보는 일을 통해 저 거룩한 진리를 계속 선포합니다. 그것은 곧 죽음은 하나의 감미롭고 감상적인 사건이 아니라 우리의 삶을 철저히 내맡기려는 위대한 싸움이라는 진리입니다.

이 내맡김은 분명히 인간적인 반응이 아닙니다. 사실은 그 반대입니다. 우리는 남아 있는 것에 집착합니다. 죽어 가는 사람들이 그토록 고통을 겪는 것은 바로 이 때문입니다. 죽어 가는 이들은 자신의 전적인 무력함을 배척당하고 버림받은 결과로 생각합니다. "나의 하나님, 나의 하나님, 어찌하여 나를 버리셨나이까"(마 27:46)라는 고통스러운 외침 때문에 "아버지 내 영혼을 아버지 손에 부탁하나이다"(눅 23:46)라고 말하는 것이 어려워지는 것입니다.

모우도 이 싸움에서 제외되지 않았습니다. 알츠하이머병이 삶을 지탱할 수 있는 제한된 능력마저 빼앗아 갔을 때, 그의 내부에서는 큰 고통이 자라나기 시작했습니다. 그는 자주 극심한 고통으로 울부짖었고, 그 어느 때보다 홀로 남는다는 두려움에 떨었습니다. 그는 한밤중에 일하러 나가려던 때가 많았습니다. 그의 마지막 말 중 하나는 바로 "날 불러줘…… 날 불러줘…… 날 불러줘"였습니다.

모우의 두려움은 내 두려움과 다르지 않았습니다. 그것은 배척당하거나 홀로 남겨진다는 두려움이었습니다. 내가 집짝이나 귀찮은 존재가 될지 모른다는 두려움, 놀

림거리나 쓸모없는 사람으로 생각될지 모른다는 두려움
말입니다. 그것은 어딘가에 속하지 못하는 두려움이었으
며 추방당해 버림받을지 모른다는 깊은 두려움이었습니
다. 정신적 장애를 지닌 사람들과 친해질수록 분명히 확
신하는 사실이 있습니다. 그들의 가장 깊은 고통은 읽지
못하고 공부하지 못하고 말하지 못하고 걷지 못하는 것이
아니라, 배척당할지도 모른다는 두려움과 다른 사람에게
짐이 될지 모른다는 깊은 두려움이라는 것입니다. 이러한
면에서 그들은 나와 다르지 않습니다. 우리의 가장 큰 고
통은 사랑받지 못한다는 생각과 자신이 쓸모없고 달갑지
않은 존재라는 생각에서 나오는 것입니다.

　다른 이를 돌봄은 무엇보다 자기 부정이라는 거대한
유혹을 극복하도록 도와줍니다. 부유하건 가난하건, 유명
하건 평범하건, 장애를 가졌건 안 가졌건, 우리 모두는 혼
자 남겨지고 버림받을지도 모른다는 두려움을 태연한 듯
가장한 겉모습 이면에 감추고 있습니다. 그 두려움은 사
랑받지 못할 수 있다는 가능성보다 훨씬 깊은 곳에 뿌리
를 내리고 있습니다. 그 뿌리의 끝은 우리가 전혀 사랑받
지 못하고, 지속적인 어떤 것에도 속하지 못하며, 저 어두

운 무(無)의 세계에 통째로 삼켜질 가능성에 맞닿아 있습니다. 그렇습니다. 이 두려움의 뿌리는 우리가 하나님께 버림받을 가능성입니다.

그러므로 돌봄은 사람들이 이전보다 더 현실성을 띠며 더 치열해지는 이 최후의 싸움을 치를 때, 그 사람들과 함께 있는 것입니다. 죽음은 우리가 사랑받지 못하고 있으며 결국에는 쓸모없는 재가 되고 말 것이라는 데서 나오는 두려움을 강력하고도 새롭게 불러일으킵니다. 죽어 가는 이를 돌본다는 것은 그 사람 옆에 서서, 그가 진실로 하나님의 사랑받는 자녀라는 사실을 생생히 일깨워 주는 것입니다.

십자가 아래 서 있던 마리아는 이것을 가장 감동적으로 보여 주었습니다. 마리아는 아들이 극심한 고통 속에서 죽어 가는 현장에 있었습니다. 어떤 말도, 어떤 간청도, 어떤 울부짖음도 없이 마리아는 그곳에 있었습니다. 마리아는 자신의 힘으로 아들을 보호할 수 없었습니다. 그러나 침묵 가운데 함께 있어 줌으로써, 예수님의 참된 아들 됨은 하나님 아버지께 속해 있는 것이며 하나님은 예수님을 결코 내버려 두지 않으신다는 사실을 일깨웠습니다. 마리아는 예수님이 자신의 말을 기억하게 도와주었습니다. "보라 너희가 다 각각 제 곳으로 흩어지고 나를 혼자 둘 때가 오나니 벌써 왔도다 그러나 내가 혼자 있는 것이 아니라 아버지께서 나와 함께 계시느니라"(요 16:32).

마리아는 예수님이 버림당한 경험을 뛰어넘어 아버지 품 안에 자신을 온전히 드리도록 힘을 북돋아 주었습니다. 마리아는 그곳에 있음으로써, 상실과 배척밖에 느낄 수 없는 어둠의 한복판에서도 예수님은 여전히 하나님의 사랑받는 외아들이라는 것과 하나님은 그를 결코 홀로 내버려 두지 않으신다는 믿음을 강하게 해주었습니다. 예수님이 배척이라는 악마적 권세와 싸워 이기고, 버림받았다고 생각하려는 유혹을 막아내며, "아버지 내 영혼을 아버지 손에 부탁하나이다"(눅 23:46)라는 말로 자신의 전 존재를 하나님께 드릴 수 있도록 도운 것은 바로 어머니의 이러한 돌봄이었습니다.

우리도 마리아처럼 죽어 가는 이를 돌볼 수 있을까요? 우리 자신의 힘만으로는 이렇게 할 수 없을 것입니다. 십자가 밑에는 제자 요한이 마리아와 함께 있었습니다. 극심한 고통을 겪는 사람들에게 하나님의 자녀 됨을 상기시켜 주는 것은 우리 자신의 힘만으로 할 수 있는 일이 아닙니다. 어둠의 권세는 강력합니다. 그래서 다른 이를 돌보려다가 어둠 속으로 끌려들어 가기 십상이며, 거대한 자기 회의에 빠져들 수도 있습니다. 죽어 가는 사람들 옆에 서 있으면 그것으로 믿음의 거대한 싸움에 참여하는 것입니다. 그렇기 때문에 미처 깨닫기도 전에 죽어 가는 친구들의 괴로움이 우리의 것이 되고, 친구가 싸우고 있는 권세에 우리도 희생당하는 경우가 많습니다. 무력감과 자기 회의에 빠지기 쉬워지고, 심지어는 '모든 것이 빨리 끝나 버렸으면' 하는 자신도 용납할 수 없는 바람 때문에 죄책감에 압도당하기 쉽습니다.

그렇습니다. 혼자 돌보려고 해서는 안 됩니다. 이것은 인내심 시험이 아닙니다. 가능하면 언제나 사람들과 함께 돌보아야 합니다. 죽어 가는 사람이 사랑받고 있음을 일깨워 주는 일은 공동체로 해야 하는 일입니다. 십자가 발치에 서서 "당신은 언제나 그랬듯이 지금도 하나님의 사랑받는 자녀입니다"라고 마리아와 요한, 로리와 카알, 로리타와 데이비드, 캐럴과 피터, 제니스와 셰릴, 지오프와 캐리, 로렌조와 그 밖의 수많은 사람들이 말할 수 있습니다. 죽어 가는 친구들을 둘러싸고 있는 이 사랑의 집단에는, 자기 회의와 버림받은 느낌이라는 악령들을 내쫓으며 어둠의 한복판에 빛을 밝힐 수 있는 능력이 있습니다.

나는 모우 주위에서 이것을 보았습니다. 그리고 에이즈 공동체에서도, 암 환자들을 돕는 사람들 사이에서도 이것을 보았습니다. 우리는 사랑으로 연합된 한 몸이자 서로 돌보아 주는 하나의 공동체로서 죽어 가는 사람에게 다가갈 수 있으며, 살아갈 새 희망과 새 삶, 새 힘을 발견할 수 있습니다. 거기에는 웃음과 이야기와 새로운 만남이 있고, 서로 도울 새로운 방법이 있으며, 침묵과 기도의 아름다운 순간이 있을 것입니다. 임종을 기다리며 다른 사람들과 함께 모이는 선물도 있을 것입니다. 우리는 함께 모임으로써, 죽어 가는 친구들이 안정감을 누리며 사랑받고 있다는 것을 인식하는 가운데 서서히 삶을 버리고 길을 떠나는 자리를 창조할 수 있습니다.

함께 돌보는 것은 공동체적 삶의 토대입니다. 하지만 우리는 서로 위로하거나 부양만 하려고 모이는 것이 아닙니다. 물론 그것도 중요한 일이지만 오랜 기간 공동체로 살면 또 다른 길로 나아가게 됩니다. 우리는 다른 이들에게 함께 손을 내밀게 됩니다. 우리는 보살핌이 필요한 사람을 함께 바라보게 됩니다. 우리는 고통받는 형제자매들을 휴식과 치유가 있는 안전한 곳으로 함께 인도하게 됩니다.

우리가 서로 집중하는 데서 나아가 우리를 넘어선 더 큰 세계에 함께 집중할 때 비로소 자신을 기꺼이 내어 준다는 생각을 할 때마다 나는 감동을 받습니다. 사랑에 빠질 때 찬탄과 애정의 눈길로 서로를 바라볼 수 있습니다. 사랑 안에서 자신을 내어 줄 때 도움이 필요한 이들, 곧 아이와 이방인, 가난한 사람과 죽어 가는 사람을 함께 바라볼 수 있습니다. 이렇게 자신을 내어 줌은 모든 공동체의 심장에 놓여 있습니다.

내가 속해 있는 토론토의 라르슈 데이브레이크 공동체를 곰곰이 생각해 볼 때, 우리가 서로 충실할 수 있었던 것은 정신장애인들을 돌보는 일에 우리가 똑같이 헌신했기 때문임을 점점 깨닫게 됩니다. 우리는 함께 돌보도록 부름 받았습니다. 장애인 지체 단 한 명을 돌본다 하더라도 혼자 할 수 있는 사람은 아무도 없습니다. 육체적으로 그럴 뿐 아니라 정서적으로나 정신적으로 쉽게 탈진해 버리기 때문입니다. 하지만 함께 일할 때, 우리가 돌보는 사람들뿐 아니라 그들을 돌보는 이들에게도 좋은 공간을 창조해 낼 수 있습니다. 이 공간에서는 받는 것과 주는 것 사이의 경계가 사라지며, 참된 공동체의 시작이 가능해집니다.

우리 공동체에서 가장 약한 지체들을 돌보는 이들이 이 일을 함께해 나가는 것은 도움을 받는 이들에게도 아주 중요합니다. 그들은 우리에게 이렇게 말하곤 합니다.

"내가 살기 위해서는 여러분이 나만 사랑해서는 안 되고, 여러분끼리도 사랑해야 해요."

수년간에 걸친 공동체 생활을 돌이켜 볼 때, 함께 돌보면서 느끼는 감동이 어떻게 '상승기'와 연결되는지, 또 내면의 문제로 침잠할 때 어떻게 '침체기'와 연결되는지 쉽게 알 수 있습니다. 외관상 숨어 있는 듯한 가장 명상적인 공동체도 그 삶이 공동체 울타리 바깥으로 뻗어 나갈 때 비로소 생명력이 유지될 수 있습니다. 기도와 묵상에 삶을 바쳤다 해도, 다른 이를 돌보는 일을 계속할 필요가 있습니다. 이렇게 함께 돌보는 일의 신비는 그것이 공동체를 요구할 뿐 아니라 공동체를 창조한다는 데 있습니다.

모우를 돌보던 이들은 그의 죽음 이후에 서로 더 가까

위졌음을 깨달았습니다. 죽어 가는 예수님이 마리아와 요한을 어머니와 아들의 관계로 더 가까워지게 했듯, 모우 또한 그의 친구들이 하나님의 아들딸로서 더 가까워지게 만들었습니다. 죽어 가는 사람들을 진실하게 보살필 때, 우리는 사랑의 공동체를 창조하는 결합을 깨닫게 됩니다.

'공중을 나는 로트라이히'는 독일 시모나이트 바룸 서커스단 공중그네 팀입니다. 서커스단이 2년 전 프라이부르크에 왔을 때 친구 프란츠와 레니 부부가 나와 아버지를 서커스 공연에 초대했습니다. 공중그네 팀이 우아한 무용수처럼 공중을 가르며 날아오르고 서로 붙잡아 주는 모습을 처음 보았을 때의 황홀함을 나는 잊지 못할 것입니다. 다음 날 나는 서커스단을 찾아가 내가 그들의 열광적인 팬임을 밝혔습니다. 그러자 그들은 연습 시간에 초대해 주었을 뿐 아니라 무료입장권을 주고 저녁식사에도 초대해 주었습니다. 조만간 일주일간의 여행을 함께하자는 제안도 함께 말입니다. 나는 그들의 초대에 기꺼이 응했고, 우리는 좋은 친구가 되었습니다.

공중그네 팀의 리더인 로트라이히와 함께 캐러밴을 타고 있던 어느 날, 그는 공중 날기를 설명해 주었습니다.

"저는 공중 날기를 할 때 저를 잡아 주는 사람을 완전히 믿습니다. 대중들은 나를 스타라고 생각할지 모르지만, 진짜 스타는 나를 잡아 주는 조우입니다. 그는 1초의 몇 분의 몇까지 맞힐 만큼 정확하게 내가 갈 자리에 와 있어야 하고, 내가 그네에서 크게 점프할 때 공중에서 나를 잡아채야 하니까요."

"어떻게 그게 가능하지요?"

"공중을 나는 사람은 아무것도 하지 않습니다. 잡아 주는 사람이 모든 것을 하지요. 이것이 공중 날기의 비밀입니다. 조우에게 날아갈 때 저는 그저 팔하고 손만 뻗으면 돼요. 그다음엔 조우가 나를 잡아 앞무대로 안전하게 끌어가기를 기다리면 되지요."

"당신은 아무것도 하지 않는다고요?"

나는 놀라서 물었습니다.

"그래요. 최악의 실수는 나는 사람이 잡아 주는 사람을 잡으려 드는 거지요. 저는 절대 조우를 잡으려 들면 안 됩니다. 저를 붙잡는 것이 조우가 할 일이에요. 만약 내가 조우의 손목을 잡는다면 둘 중 한 명은 손목이 부러지고 말 겁니다. 그렇게 되면 둘 다 끝장이지요. 나는 사람은 날기만 하고, 붙잡아 주는 사람은 붙잡기만 해야 합니다. 나는 사람은 붙잡아 줄 사람이 자기를 위해 제자리에 와 있다는 것을 믿고 팔을 뻗어야 합니다."

로트라이히의 확신에 찬 말을 듣는데, 예수님의 말씀이 번개처럼 마음을 스쳐 갔습니다. 그것은 "아버지, 내 영혼을 아버지 손에 맡깁니다"라는 말씀이었습니다. 죽는다는 것은 날 붙잡아 줄 사람을 신뢰하는 것입니다. 죽어 가는 사람을 돌본다는 것은 다음과 같이 말하는 것입니다.

"두려워하지 마세요. 당신이 하나님의 사랑받는 자녀라는 걸 생각하세요. 당신이 크게 점프할 때 하나님께서 이미 그 자리에 와 계실 겁니다. 하나님을 붙잡으려고 애쓰지 마세요. 그분이 당신을 붙잡아 주실 거예요. 그러니 그저 팔과 손을 앞으로 내밀기만 하세요. 하나님을 믿으세요. 믿고 또 믿으세요."

## 여러분은 서로 형제자매입니다

어느 날 좋은 친구인 샐리가 부탁을 하나 했습니다.

"남편이 죽은 지 5년이 되었는데, 아이들과 같이 남편의 묘지를 방문하고 싶어요. 같이 가주실 수 있겠어요?"

"물론 그러지요."

샐리는 그간의 일을 말해 주었습니다. 샐리의 남편 보브는 심장마비로 갑자기 세상을 떠났습니다. 첫아이 린지가 다섯 살, 둘째 미첼이 겨우 네 살일 때의 일이었습니다. 샐리는 아이들이 아버지의 죽음을 받아들이도록 돕는 어려운 숙제에 갑작스레 부닥쳤습니다. 아버지가 땅속에 묻히고 흙으로 덮이는 것을 아이들이 지켜보는 일은 너무 힘들 것 같았습니다. 샐리는 '이런 일을 이해하기엔 아이들이 너무 어려'라고 생각했습니다.

몇 년의 시간이 흐르면서, 그 묘지는 샐리와 린지와 미첼에게 두려움을 주는 곳이 되어 버렸습니다. 샐리는 직감적으로 무언가 잘못되었음을 느꼈습니다. 그래서 아이들과 함께 무덤을 찾기로 했고, 나에게 동행을 부탁한 것입니다. 아빠에 대한 구체적인 기억이 남아 있는 린지는 무덤에 가기를 여전히 무서워했습니다. 그래서 미첼만이 우리를 따라나섰습니다.

아름답고 화창한 날이었습니다. 우리는 곧 보브의 무덤을 찾을 수 있었습니다. '친절하고 온유한 사람'이 새겨진 소박한 돌비가 서 있었습니다. 우리는 비석 주위 풀밭에 앉았습니다. 샐리와 미첼은 보브 이야기를 나누었습니다. 미첼은 아빠가 자기와 공놀이하던 모습을 기억해 냈고, 샐리는 미첼의 희미한 기억에 세부사항을 보충해 주었습니다. 나는 그저 몇 마디 질문만 했습니다.

조금씩 편안한 느낌이 모두에게 찾아올 즈음, 내가 제안을 했습니다.

"여기로 소풍을 오면 멋질 것 같지 않아요? 언제 하루 날을 정해서 도시락을 싸 가지고 오는 거예요. 그래서 바로 여기 무덤 앞에서 보브의 삶을 기념하는 거지요. 함께 음식을 먹으면서 기억할 수도 있고요."

처음에는 두 사람 다 어리둥절한 듯했습니다. 하지만 곧바로 미첼이 말했습니다.

"좋아요. 안 될 이유가 어디 있겠어요? 그땐 언니도 틀림없이 올 거예요."

집에 돌아간 샐리와 미첼은 린지에게 전혀 무섭지 않았고 참 좋았다고 말했습니다. 며칠 후, 린지는 샐리에게 아버지의 무덤에 데려가 달라고 부탁했습니다. 자매는 다시 묘지를 방문했고 함께 아빠 이야기를 했습니다. 보브는 점점 낯설지 않은 사람이 되었고, 새로운 친구가 되었습니다. 그의 무덤가에 소풍 가는 일을 손꼽아 기다리게 되었습니다. 예수님도 친구들과 한 끼 식사를 나눌 때 자신을 기억해 달라고 부탁하셨습니다.

이 이야기는 우리가 얼마나 쉽게 죽은 사람들에게 거리를 두는지, 그리고 두려움을 가지는지를 보여 줍니다. 죽은 이들은 우리가 기억하고 싶지 않은 사실, 특히 나도 언젠가는 죽어야 한다는 사실을 떠올리게 만들기 때문입니다. 하지만 이 이야기는 또한 죽은 이들을 산 사람들의 삶으로 데려와서 죽음과 대면하도록 도와줄 친절한 친구로 얼마든지 삼을 수 있음을 보여 줍니다.

우리는 얼마나 자주 임종 현장을 봅니까? 얼마나 자주 죽은 이를 봅니까? 또 얼마나 자주 무덤에 내려진 관 위에 흙을 덮습니까? 서 있든, 앉든, 무릎을 꿇든 어떤 자세로든 배우자나 부모님, 형제나 누이, 아주머니나 아저씨 혹은 친구들이 묻힌 묘지를 얼마나 자주 찾아가 봅니까? 죽은 이들과 계속 접촉하고 있습니까? 아니면 앞서 살았던 이들을 존재하지 않았던 사람들로 여기고 있습니까?

우리 아버지가 사시는 네덜란드 남부 지역 작은 마을 게이스테른에서는, 죽은 이들이 살아 있는 이들의 일상을 이룹니다. 마을 광장 가까이에 있는 묘지는 아름다운 정원으로 조성되었습니다. 정문은 늘 새롭게 칠을 하고, 울타리는 잘 손질되어 있으며, 보행로도 깨끗이 정비되어 있고, 무덤도 하나하나 잘 가꾸어 놓았습니다. 추모 십자가와 비석들은 신선한 꽃과 상록수로 장식되어 있습니다. 이곳에 가면 늘 환영받는 느낌이 듭니다. 그곳은 내가 시간을 보내기 좋은 장소입니다. 마을 사람들도 그곳을 사랑합니다. 사람들은 자주 그곳에서 기도하며, 세상을 떠난 가족이나 친구들과 함께 있어 줍니다. 마을 교회에서는 예배를 드릴 때마다 '무덤에서 안식을 누리고 있는 사람들'을 이야기하며, 그들을 공동 기도제목에 포함시킵니다.

게이스테른에 계신 아버지를 찾아뵐 때면 나는 언제나 그 작은 묘지를 찾습니다. 묘지 입구 근처 왼쪽에는 어머니의 무덤이 있습니다. 소박한 모양의 황토색 십자가에 어머니의 이름과 출생 및 사망 일자가 하얀색 페인트로 쓰여 있습니다. 그 십자가 앞으로는 사철 푸른 식물들이 어머니의 육신이 누워 있는 자리를 두르고 있으며, 새롭게 심은 보랏빛 제비꽃이 중앙을 덮고 있습니다. 그 소박한 무덤 앞에 서서 묘지를 빙 둘러싼 키 큰 포플러 잎새들이 바람에 부딪치는 소리를 들으며 십자가를 바라볼 때마다, 내가 혼자가 아님을 알게 됩니다. 그곳에는 어머니가 계십니다. 어머니가 내게 말을 거십니다. 유령도 없고 신비스러운 목소리도 없지만, 돌아가신 지 14년이 넘는 어머니가 여전히 나와 함께 계신다는 단순하면서도 내적인 깨달음을 얻는 것입니다. 나는 아름다운 묘지의 고독에 포근히 안긴 채 어머니의 말씀을 듣습니다. 내가 내 삶의 여정에 충실해야 하며 어느 날 죽음을 맞이할 때 어머니와 함께 만날 일을 두려워해서는 안 된다는 말씀을 듣습니다.

어머니 무덤 앞에 서 있다 보면, 나를 에워싸고 있는 죽은 이들의 수가 점점 많아집니다. 그곳에 묻힌 마을 사람뿐 아니라 그 가족과 친구들도 나를 에워쌉니다. 그들이 만들고 있는 원 바깥에는 말과 행동으로 내 삶과 생각을 형성한 사람들의 더 큰 원이 있습니다. 또 그 바깥에는 내가 이름을 알지는 못하지만, 자신만의 유일한 방식으로 지금 내가 가고 있는 이 여행을 이미 끝마쳤으며, 인간으로서 겪는 고통과 기쁨을 이미 나눈 수없이 많은 이들이 나를 에워싸고 있습니다.

게이스테른의 작은 묘지에 있는 포플러들은 여기저기 묻힌 이 모든 사람들을 위해 노래를 부릅니다. 어떤 이들은 어머니처럼 다소곳이 묻혀 있고, 어떤 이들은 묻혀진 채 잊혔고, 또 많은 이들은 위치를 아는 이도 없고 기도하러 오는 이도 없는 공동무덤에 묻혀 있습니다. 이 모든 이들을 위해 포플러는 노래를 부르는 것입니다. 나는 묘지에 서서, 이들처럼 내가 인간이라는 사실과 이들처럼 나도 죽음에 부르심을 받았다는 사실에 감사를 느낍니다.

우리가 모두 인간이라는 한 가족으로 만난 형제자매라는 사실과 문화와 언어와 종교와 삶의 방식과 직업의 차이가 있음에도 모두 하나님의 손에 우리 삶을 맡기도록 부르심 받은 유한한 존재라는 사실을 깊이 깨달으니 그 얼마나 큰 선물인지요! 이미 죽은 많은 이들과 나의 연관성을 느끼며 거기서 흘러나오는 기쁨과 평화를 발견함은 또 얼마나 큰 선물인지요! 나는 그 선물을 누리면서, 죽어 가는 이들을 돌보는 일의 의미를 새로이 이해합니다. 그것은 그들을 다른 곳에서 죽어 가는 이들 혹은 이미 죽은 이들과 연결시키며, 짧은 인생의 경계선 바깥까지 펼쳐진 친밀한 결합을 발견하도록 돕습니다.

샐리와 미첼과 함께 보브의 무덤에 갔을 때, 게이스테른 묘지의 어머니 무덤 앞에 서 있었을 때, 죽어 가는 이들이 지구상의 모든 이들과 누리는 친교를 알아야 한다는 확신이 더 강해졌습니다. 우리 인간은 서로 속해 있습니다. 지금 살아 있든 오래전에 살았든, 가까이 살든 멀리 살든, 생물학적으로 비슷하든 그렇지 않든 우리는 서로에게 속해 있습니다. 우리는 형제자매입니다. 참으로 우리가 죽는다는 것은 서로 맺은 친교 안에서 죽는 것입니다.

하지만 주변 세계를 돌아보면 여러 의문이 떠오릅니다. 우리는 정말 형제자매로 살고 있습니까? 신문과 텔레비전은 인간들이 서로 싸우고 고문하며 죽이고 있다는 사실을 매일 일깨웁니다. 곳곳에서 박해와 전쟁과 굶주림에 사람들이 희생당하고 있으며, 증오와 폭력과 비방 또한 전 세계를 덮고 있습니다. 우리는 잠시 환상을 품은 적이 있었습니다. 그러나 '강제 수용소 시절은 지나갔고, 인간으로서 제2차 세계대전 때처럼 유대인 대학살 같은 일을 다시 저지른다는 것은 불가능하다'는 추측은 환상이었습니다. 오늘날 도처에서 벌어지는 일들은 우리가 역사에서 아무것도 배우지 못했음을 보여 줍니다. 인간으로서 우리가 저지른 진정한 죄는, 형제자매로 창조된 인간들이 이렇듯 거듭거듭 서로 적이 되어 상대의 삶을 파괴하고자 한다는 것입니다.

하나님은 참된 인간 질서를 회복하시고자 예수님을 보내셨습니다. 예수님은 구세주이십니다. 그는 우리의 죗값을 치르시고 우리를 죄에서 구원하시기 위해, 또한 우리가 하나님의 아들딸이며 서로 형제자매라는 진리를 일깨워 주시기 위해 이 땅에 오셨습니다.

예수님은 어떻게 우리를 죄에서 구원해 주셨습니까? 그가 몸소 우리 가운데 한 사람이 됨으로써입니다. 그는 우리와 같이 태어나셨고, 우리와 같이 사셨고, 우리와 같이 고통을 겪으셨고, 우리와 같이 죽으셨습니다. 참으로 예수님은 우리의 형제가 되셨으며 우리와 함께 계시는 임마누엘 하나님이 되셨습니다. 하나님의 천사는 요셉의 꿈에 찾아와 이렇게 말했습니다. "다윗의 자손 요셉아 네 아내 마리아 데려오기를 무서워하지 말라 그에게 잉태된 자는 성령으로 된 것이라 아들을 낳으리니 이름을 예수라 하라 이는 그가 자기 백성을 그들의 죄에서 구원할 자이심이라"(마 1:20-21). 마태는 이렇게 덧붙입니다. "이 모든 일이 된 것은 주께서 선지자로 하신 말씀을 이루려 하심이니 이르시되 보라 처녀가 잉태하여 아들을 낳을 것이요 그의 이름은 임마누엘이라 하리라 하셨으니 이를 번역한즉 하나님이 우리와 함께 계시다 함이라"(마 1:22-23).

하나님께서 '우리와 함께 계시는 하나님', 곧 우리의 형제가 되심은 우리가 모든 사람의 형제이며 자녀라는 것을 스스로 주장하도록 하려는 것입니다. 그것은 예수님의 이야기이자 우리 구원의 이야기입니다. 그 이야기의 핵심은 하나님께서 예수님 안에서, 그리고 예수님을 통하여 우리의 삶뿐 아니라 우리의 죽음을 함께 나누기 원하셨다는 것입니다. 예수님의 죽음이야말로 '우리와 함께 계시는 하나님'이 되시려는 바람의 가장 분명한 표현입니다.

죽음을 피할 수 없는 운명보다 모든 인간을 비슷하게 만드는 것은 없습니다. 우리가 공유하는 이 유한한 운명은 우리가 서로 다르다는 생각이 환상이고, 우리 가운데 있는 숱한 분열이 거짓이며, 서로 간의 반목이 죄악임을 드러냅니다. 예수님은 우리와 함께 죽으시며 우리를 위해 죽으심으로써, 우리의 환상을 쫓아내시고 우리의 분열을 치유하시며 우리의 죄악을 용서하기 원하셨습니다. 그리하여 우리가 서로 형제자매라는 사실을 다시 발견하게 되기를 원하셨습니다. 예수님은 스스로 우리의 형제가 되심으로써 우리가 다시 형제와 자매가 되기를 원하신 것입니다. 예수님은 죄를 짓지 않으셨다는 점에서만 우리와 구별되기 원하셨습니다.

그것이 바로 예수님이 우리를 위해 죽으신 이유입니다. 예수님은 우리만큼이나 유한한 운명을 지닌 한 인간으로서, 더 이상 서로 두려워하면서 살지 말고 서로 사랑하면서 사는 삶을 시작하라고 우리를 부르셨습니다. 이 부르심은 단순한 바람이 아니었습니다. 예수님은 이것을 계명으로 주셨습니다. 이 부르심은 바로 인간 됨의 알맹이이기 때문입니다. 예수님은 말씀하셨습니다. "내 계명은 곧 내가 너희를 사랑한 것 같이 너희도 서로 사랑하라 하는 이것이니라 사람이 친구를 위하여 자기 목숨을 버리면 이보다 더 큰 사랑이 없나니 너희는 내가 명하는 대로 행하면 곧 나의 친구라 이제부터는 너희를 종이라 하지 아니하리니 종은 주인이 하는 것을 알지 못함이라 너희를 친구라 하였노니 내가 내 아버지께 들은 것을 다 너희에게 알게 하였음이라…… 내가 이것을 너희에게 명함은 너희로 서로 사랑하게 하려 함이라"(요 15:12-16, 17).

하나님이 '우리와 함께 계시는 하나님'이 되신 이 위대한 신비에는, 죽어 가는 이들을 돌보는 일에 대한 근본적인 암시가 있습니다. 하나님께서 먼저 우리와 함께 우리를 위해 죽기를 원하셨다면, 우리 또한 서로와 함께, 서로를 위해 죽어야 합니다. 하지만 비극은 우리가 그 무엇보다도 죽음을 다른 이들과 분리되는 사건으로 생각한다는 것입니다. 우리에게 죽음은 이별입니다. 죽음은 다른 이들을 남겨 두고 떠나는 것입니다. 죽음은 소중한 관계의 종말이고 홀로 됨의 시작입니다. 죽음은 무엇보다 분리입니다. 아주 지독한, 도저히 돌이킬 수 없는 분리입니다.

하지만 예수님은 우리의 죽음이 단지 분리로 끝나지 않게 하시려고 우리를 위해 죽으셨습니다. 그분의 죽음은 우리의 죽음이 일치와 친교로 향하는 가능성을 열었습니다. 그것은 우리의 믿음으로만 가능한 근본적인 변화입니다. 그러나 그러한 변화는 저절로 일어나지 않습니다. 보살핌이 필요합니다.

죽어 가는 이들을 돌보는 일은, 방문객과 가족과 친구뿐 아니라 죽은 이들과 살아 있는 이들을 포함한 모든 인류를 자기 곁에 모으는 일로서 죽음을 경험하도록 돕는 것입니다. "사람이 혼자서 죽는 것이 좋지 않다" 말할 때, 이 깊은 신비와 접촉하는 것입니다. 우리는 그 어느 때보다 죽을 때 다른 이들과 친교를 나눌 필요가 있습니다. 삶의 길은 어떤 길보다 다른 이들과 더불어 갈 필요가 있는 길입니다.

임종의 순간에 누군가 함께 있어야 한다는 것은 그 중

요성을 의심하는 사람이 아무도 없을 정도로 분명한 일입니다. 죽음을 앞에 두었을 때 가장 두려운 일 중 하나는 옆에서 지켜 주는 이 없이 죽는 것입니다. 우리는 누군가 우리의 손을 잡아 주고, 누군가 우리를 만져 주면서 부드럽게 말을 건네며, 누군가 우리와 함께 기도해 주기를 바랍니다. 이것은 우리가 다른 이들에게 해주고 싶어 하는 일이기도 합니다.

그러나 이보다 덜 분명해 보이지만 필요한 일들은 아주 많습니다. 죽어 가는 이들을 돌보는 일은 그들이 사람들과 함께, 다른 사람들을 위해 죽을 수 있도록 용기를 북돋는 것이기도 합니다. 어떻게 해서든지 죽어 가는 친구의 주변에 모든 시대의 성인들과 죄인들을 불러 모을 용기가 필요합니다. 굶주리는 어린이, 고문받는 정치범, 집 없는 이, 방랑자, 에이즈 환자, 이미 죽었거나 지금 죽어 가고 있는 수백만 명의 사람들을 불러 모아야 하는 것입니다. 얼핏 듣기에는 귀에 거슬릴 뿐 아니라 잔인하다고까지 생각될지도 모르겠습니다. 하지만 실상은 반대입니다. 이것은 죽어 가는 친구들을 고립된 상황에서 이끌어내며, 그들의 경험을 모든 인간사 중에서도 가장 인간적인 사건의 일부로 만들어 줍니다. 그 경험은 고통스럽지만 바로 그 때문에 전 세계, 전 세기에 걸친 인류 가족과 일치할 수 있다는 사실을 깨닫기 시작할 때, 비로소 그들은 긴장을 풀고 인류 가족이 자신을 데리고 죽음의 관문을 통과하게끔 조금씩 허락하게 되는 것입니다.

이러한 이유 때문에 기독교 역사상 많은 이들이 십자가를 바라보며 용기를 얻었습니다. 그 유명한 16세기에, 프랑스 콜마르에 있는 이센하임 제단에는 말 못할 고통 중에 십자가에 달려 있는 그리스도의 모습이 그려졌습니다. 그의 몸은 출혈성 페스트가 만든 무수한 상처로 뒤덮여 있습니다. 페스트에 걸려 죽어 가던 사람들은 고통받으시는 그리스도를 올려다보면서, 오래전에 자신들과 함께, 그리고 자신들을 위해 죽으신 예수님을 보았을 뿐 아니라 죽어 가는 모든 형제자매들을 보았고 위로를 받았습니다. 그리스도가 자신들을 위해 죽으신 것처럼 그들 또한 자신의 형제자매들을 위해 죽을 수 있으며, 그렇게 함으로써 자신의 죽음을 인간 일치의 행위로 만들 수 있음을 깨달았던 것입니다.

최근 샌프란시스코에 갔을 때 십자가 위에서 에이즈로

죽어 가고 있는 예수님을 그린 그림을 본 적이 있습니다. 거기에는 에이즈에 걸린 남녀와 아이들도 그려져 있었습니다. 이것은 겁이 아니라 희망을 주려는 그림이었습니다. 20세기에 죽어 가는 이들은 이 십자가를 올려다보며 희망을 발견할 것입니다.

그러므로 죽어 가는 이들을 돌보는 일은 그들이 더 큰 그림을 볼 수 없도록 가로막는 것과 구별되어야 합니다. 오히려 그것은 자신들의 개인적이고 고통스러운 처지가 인간의 유한한 운명이라는 기본적인 조건에 깊이 새겨져 있으며, 그것을 통해 다른 이들과 친교를 나누면서 살 수 있다는 것을 점점 더 깨닫도록 돕는 일입니다.

많은 에이즈 공동체에서 그 예를 찾아볼 수 있습니다. 북미 여러 도시에서는 에이즈를 앓는 젊은이들이 서로, 또 죽어 가는 다른 이들과 결속하면서 서로 부양하며 살고 있습니다. 그들이 이것을 우리와 하나님 사이의 결속의 표현으로 생각하거나 말하는 경우는 거의 없지만, 그들은 더 큰 인간 가족 간의 친교라는 정신, 곧 예수님께서 죽으신 그 정신 안에서 죽을 수 있도록 서로 돕고 있는 것입니다.

이런 관점에서 죽어 가는 사람들을 돌본다고 한다면, 실제로 할 수 있는 일이 있을까요? 돌보는 사람보다는 죽어 가는 사람들이 현실에 더 잘 직면하는 것 같습니다. 우리는 세상에서 일어나는 '나쁜 소식'을 죽어 가는 사람들에게 알리지 않으려고 합니다. 그들에게 조용하면서도 흔들림 없는, 그러니까 '평화로운' 종말을 마련해 주고 싶어서입니다. 그래서 우리는 병을 앓고 있거나 죽어 가고 있는 다른 사람들의 이야기를 해주지 않으려는 것입니다. 우리는 세계 곳곳에서 일어나는 전쟁의 희생자나 기아 희생자에 대해 이야기하기를 꺼립니다. 무서운 삶의 현실에서 그들을 분리해 놓고자 합니다. 그러나 그것이 정말 그들을 섬기는 길일까요? 그들이 다른 인간 동료와 결속한 가운데 자신의 병을 살아 내며 다른 이들과 함께, 다른 이들을 위해 죽는 일을 막는 길은 아닐까요?

질병, 특히 말기 불치병은 시야를 좁게 만들기 쉽습니다. 병의 진행 상태와 건강 문제와 관련된 일상사에 즉각 파묻히기 때문입니다. 자꾸 "몸이 좀 어떻습니까?"라고 던지는 질문은 환자들이 자기 바람과 달리 정해진 이야기만 반복하게 만듭니다.

더 큰 세계의 일원으로 남아 있기를 바라며 집이나 병원 외의 일들을 말하거나 듣기를 좋아하는 사람들이 많다고 생각합니다. 내가 사고를 당해서 병원에 입원해 있는 동안, 내 건강 상태보다 더 큰 어떤 것으로 관심을 돌려 준 방문객들이 얼마나 고마웠는지 아직도 그 기억이 생생합니다. 세상과 동떨어져 있지 않음이 고마웠습니다. 내가 아프다고 해서 다른 이들의 싸움에 대한 진정한 관심을 잃은 것이 아님을 알아 준 친구들 덕분에 나는 용기를 얻었고 힘을 낼 수 있었습니다. 인류라는 한 가족 안에서 형제자매들의 더 큰 고통과 거듭 연결됨으로써 마비를 피할 수 있었고, 오히려 치유를 얻었습니다. 치유는 아이 취급을 받을 때가 아니라, 다른 이들과 함께 고통을 겪을 수 있는 성인으로 대우받을 때 일어납니다.

그러나 세상의 비참한 사건들을 이야기하는 것이 곧 죽어 가는 이들을 돌보는 일과 같은 것은 아닙니다. 그것은 현명하지도 않고 유익하지도 않습니다. 죽어 가는 친구들이 다른 이들의 고통을 걱정해야 한다는 것도 아닙니다. 내가 말하고자 하는 것은, 우리가 스스로 자신의 유한한 운명과 친밀해질 때 죽어 가는 친구들을 우리와 고립

시킬 필요가 없어지며, 그 친구들이 고통받는 더 큰 인류 가족과 친교를 유지할 수 있도록 돕는 길을 직관적으로 알게 된다는 것입니다. 죽어 가는 이들을 돌보는 우리 자신이 죽음을 겁내지 않을 때 죽음을 준비하는 그들을 훨씬 잘 도울 수 있으며, 그들을 다른 이들에게서 분리시키는 대신 오히려 더 깊은 친교를 나누도록 이끌 수 있는 것입니다.

아이맥스는 몇 년 전에 〈푸른 행성〉(The Blue Planet)이라는 단편영화를 우주왕복선에서 제작했습니다. 사방에서 쏟아져 나오는 음악과 함께 거대하고 오목한 스크린에 영상이 펼쳐지면, 정말 우주왕복선 안에 앉은 느낌이 듭니다. 이 영화에서 가장 주목되는 것은, 우주비행사들만 볼 수 있었던 지구를 우리도 볼 수 있다는 점입니다. 우리는 인류 역사상 처음으로 지구를 멀찍이서 볼 수 있습니다. 우주에서 움직이는 이 아름답고 둥글며 파란 물체가 우리의 고향이라는 사실을 깨닫습니다. 이렇게 말할 수 있습니다.

"저것 좀 봐! 저기가 바로 우리가 사는 곳이고 일하는 곳이고 우리 가족이 있는 곳이구나. 저기가 우리 고향이야. 정말 아름답지 않아?"

이렇게 우리의 고향인 아름답고 위엄 있고 파란 행성을 볼 때, 갑자기 '우리'라는 말이 새롭게 다가옵니다. '우리'는 모든 대륙, 모든 피부색, 모든 종교, 모든 인종, 모든 연령을 뜻합니다. 우주왕복선에서 지구를 보면, 사람들 사이에서 증오와 폭력과 전쟁과 압제와 굶주림과 파괴를 낳는 많은 차이점들이 우스꽝스러워집니다. 우주왕복선의 거리를 갖고 보면, 우리가 같은 고향 사람들이고 서로에게 속해 있다는 사실과 지금뿐 아니라 먼 미래에도 이곳에 살기 위해서는 우리의 아름다운 파란 행성을 함께 돌보아야 한다는 사실이 수정처럼 맑고 분명해집니다.

우주 시대에 접어들면서 우리는 새로운 의식을 얻게 되었습니다. 곧 이 지구 위의 모든 사람들이 기본적으로 하나라는 것과, 서로 보살피며 고향을 함께 돌보기 위해서 모든 이들이 함께 책임을 져야 한다는 의식 말입니다. 우리는 멀리서 우리의 푸른 행성을 바라보면서 이렇게 새롭게 이야기할 수 있습니다.

"예수님이 오래전에 말씀하신 것처럼 우리는 참으로 형제이며 자매입니다. 우리 모두는 연약한 존재로 태어나서 연약한 존재로 죽습니다. 잘 살고 잘 죽기 위해서는 우리가 필요하고 아름답게 가꾼 고향이 필요합니다."

고향을 멀리서 바라볼 때, 우리가 한 분이신 하나님의 자녀인 동시에 서로에게 형제자매라는 깊은 깨달음을 가지고 살다가 죽을 수 있으며, 서로를 진실하게 돌볼 수 있을 것입니다.

## 여러분은 앞으로 올 세대의 부모입니다

지난해 성주간(고난주간)에 있었던 일입니다. 토론토 시내에서 몇몇 친구들과 같이 저녁식사를 하고 있는데 전화가 왔습니다. 지난 6년 동안 비서이자 절친한 동료로 지내온 코니 엘리스가 갑자기 병원에 실려 갔다는 전갈이었습니다. 코니는 부활절 후 유럽에 갈 때 내가 가져갈 자료 준비 작업을 끝내려고 그날 오후 늦게까지 열심히 일했습니다. 지친 몸으로 집에 돌아간 코니에게 갑자기 어지럼증이 찾아왔고 호흡이 불안해졌습니다. 며느리인 카르멘에게 전화를 걸 여력이 있었던 것은 천만다행이었습니다. 카르멘은 무슨 말인지 알아듣기 어려운 코니의 전화를 받고 서둘러 코니의 집으로 달려왔습니다.

다음 날 검사 결과가 나왔습니다. 뇌에 생긴 큰 종양이 일으킨 급성 심신마비였습니다. 성 금요일(예수님이 십자가에서 돌아가신 금요일을 기념하는 날—옮긴이 주)에 코니는 대수술을 받았습니다. 수술은 성공적이었지만, 좌측 반신이 마비된 탓에 혼자 걸을 수 없고, 항상 넘어질 위험이 있었습니다. 광범위한 방사선 치료 후, 의사는 암세포가 많이 줄어들고 있다고 코니에게 말해 주었습니다. 그러나 그는 여전히 쇠약했고 예전처럼 '정상'으로 돌아갈 가능성은 크지 않았습니다.

수년 동안 코니는 대단한 활력과 업무 능력, 짧은 시간에 많은 일을 해내는 것으로 유명했습니다. 그는 나의 오른팔이자 왼팔이었습니다. 그는 방문자들, 전화나 편지로 연락했던 사람들을 모두 기억하고 있었고, 그중 많은 이들과 따뜻한 관계를 맺어 왔습니다. 함께 일했던 6년간 사람들에게 많은 도움과 지원과 충고를 아끼지 않았던 코니는 많은 이들의 친구가 될 수 있었습니다. 그의 일은 내 일만큼이나 중요한 것이었습니다.

그런데 한순간 이 모든 것이 끝났습니다. 언제나 다른 사람을 돕는 역할을 했던 코니가 이제는 도움을 받아야 하는 처지가 되었습니다. 강인하고 건강하고 활동적이고 유능했지만 이제는 가족과 친구들을 전적으로 의지해야 합니다. 많은 일을 하고 많은 이들을 도왔던 가까운 친구이자 동역자가 갑자기 그 힘을 잃어버리니 지켜보는 것마저 괴로웠습니다. 그러나 이 전적인 사건도 사람을 신뢰하고 사랑하는 그의 성향을 바꾸지 못하는 것을 보면서, 나는 희망을 가졌습니다. 코니는 내게 자주 말하곤 했습니다.

"마음속 깊이 평화가 느껴져요. 하나님이 나를 위해 기적을 베푸시리라 믿습니다. 하지만 그리 아니하셔도 전 죽을 준비가 되어 있답니다. 제 삶은 아름다웠어요."

코니의 삶에 일어난 이 극적인 사건을 생각하면서, 또한 코니가 이와 비슷한 일을 겪은 수많은 사람들 가운데 하나라는 깨달음 속에서, 이 경험에 어떠한 의미를 부여할 수 있는가 생각합니다. 사람은 의미 없이 살아갈 수 없습니다. 우리는 모든 일에 질문을 던집니다. "왜 이런 일이 나한테 일어나는 거지? 그 의미는 뭘까?" 하고 말입니다.

코니는 두 아들 존과 스티브 그리고 가족 관계에서 많은 의미를 찾곤 했습니다. 스티브의 아내인 카르멘과 나

116

누는 깊은 정과 손주인 찰스, 사라와 나누는 정은 큰 기쁨과 만족을 주었습니다. 코니의 기쁨 중 하나는 찰스와 함께 하키장에 가서 그를 응원하는 일입니다. 나는 코니 앞에서 누구라도 비판할 수 있었지만, '카르멘과 그 집 아이들'만큼은 비판할 수 없었습니다. 그들은 비판의 범위 밖에 놓인 존재였던 것입니다.

코니가 근무했던 사무실에도 많은 의미가 있었습니다. 마지막 몇 분까지 코니는 자기가 하고 있는 일을 몹시 즐겼으며 끊임없는 헌신으로 그 일들을 해냈습니다. 내가 서커스 공중그네 단원 다섯 명과 나누었던 인터뷰 내용을 타이프로 치며 행복해하던 그의 모습이 생각납니다. 서커스 단원에 대해 책을 쓰겠다는 나의 '바보 같은' 생각을 코니는 뜨겁게 지지해 주었고, 독일로 가서 인터뷰를 더 하기 위해 필요한 모든 자료를 확실히 준비해 놓으려고 했습니다. 우리의 공동 작업은 코니의 삶에 온갖 종류의 다양하고 흥미진진한 의미를 부여해 주었습니다. 코니가 이미 일흔 살을 넘겼고 때로 지치기도 했다는 사실을 깨달은 사람은 거의 없었습니다.

갑자기 모든 상황이 바뀌자, 의미에 대한 물음이 강력

하게 되돌아왔습니다. 한동안 건강이 호전되면서 코니는 남의 도움이 필요 없을 만큼 회복하는 데 힘을 쏟았습니다. 그는 이렇게 말하곤 했습니다.

"다시 혼자 운전할 수 있게 된다면, 존이나 스티브나 카르멘이나 아이들에게 의존하지 않고서도 그럭저럭 다닐 수 있을 거예요."

하지만 코니는 그 일이 다시 가능하지 않을 수도 있음을 점차 깨달았습니다. 남은 생애 내내 누군가의 도움을 받아야 할지도 몰랐습니다.

코니처럼 더 이상 일터로 돌아갈 희망도 없고 가족이나 친구들에게 도움을 줄 수도 없는 처지에 빠진 이들을 돌본다는 것은, 그들과 함께 새로운 의미를 찾는 것입니다. 그 의미는 어떤 일을 성취해 내는 적극적인 활동(activities)에서 나오는 것이 아닙니다. 그 의미는 기다림이라는 '수동성'(passivities)에서 나와야 합니다.

예수님의 삶은 행위(action)에서 수난(passion)으로 옮겨졌습니다. 그는 몇 년 동안 대단히 활동적으로 설교하고 가르치고 도우셨으며, 늘 수많은 군중에 둘러싸이셨고, 이곳저곳 옮겨 다니셨습니다. 그러나 제자들과 함께 마지막 저녁을 잡수신 후에는 겟세마네 동산에서 자신과 자신의 말씀에 적개심을 품은 사람들에게 넘겨졌습니다. 다른 이들의 손에 좌우되는 존재로 넘겨진 것입니다. 그때부터 예수님은 아무 주도권도 행사하지 않으셨습니다. 그는 더 이상 아무것도 하지 않으셨습니다. 그는 모든 것을 고스란히 당하셨습니다. 그는 체포되었고, 감옥에 갇혔으며, 조롱과 고문을 당했고, 재판을 받았으며, 십자가에 달리셨습니다. 여기에는 어떤 행위도 없었습니다.

예수님이 사셨던 삶의 신비는 그가 자신의 행위를 통해서가 아니라 다른 이들의 행위에 종속됨으로써 소명을 완수하셨다는 데 있습니다. 예수님이 최후에 "다 이루었다"(요 19:30) 하신 것은 '내가 할 모든 일을 다했다'는 뜻뿐만 아니라 '내가 당할 모든 일을 다 당했다'는 뜻도 됩니다. 예수님은 다른 이들이 가하는 일에 수동적으로 종속됨으로써 이 땅에서의 사명을 완수하셨습니다.

우리도 그와 같이 살도록 부름을 받았습니다. 우리가 예수님의 성령 안에서 살아간다면, 우리의 삶도 그와 비슷한 의존 안에서 실현될 것입니다. 예수님은 베드로에게 하신 말씀에서 이것을 분명히 하셨습니다. "내가 진실로 진실로 네게 이르노니 네가 젊어서는 스스로 띠 띠고 원하는 곳으로 다녔거니와 늙어서는 네 팔을 벌리리니 남이 네게 띠 띠우고 원하지 아니하는 곳으로 데려가리라"(요 21:18). 우리 또한 행위에서 '수난'으로 옮겨 가야 합니다. 다스림에서 의존으로, 주도에서 기다림으로, 삶에서 죽음으로 옮겨 가야 합니다.

이렇게 옮겨 가는 일은 고통스러울 뿐 아니라 거의 불가능해 보입니다. 그러나 우리의 진정한 열매는 바로 이 옮겨 감에 숨어 있습니다. 행위의 때는 성공과 성취의 때입니다. 이 기간 동안 우리는 자부심을 가지고 내세울 만한 일들을 합니다. 하지만 이러한 성공과 성취 중 많은 것들은 얼마 되지 않아 우리를 떠나고 맙니다. 우리는 여전히 트로피나 메달, 예술작품 같은 형태 속에서 성취와 성공을 내세울 수 있습니다. 그러나 이러한 성공과 생산 너머에는 무엇이 있습니까? 그 너머에는 열매가 있습니다. 그리고 그 열매는 수난 또는 고난을 통해서 이루어집니다. 쟁기가 대지를 갈아엎을 때에만 열매가 맺히듯이, 수난이 우리의 삶에 틈을 만들 때 비로소 열매가 맺히는 것입니다. 고난은 바로 타인의 행위를 '받는' 것이며, 거기에 어떤 제지도 하지 않는 것입니다. 죽어 간다는 것은 고난을 받는 것입니다. 죽어 갈 때는 좋든 나쁘든 다른 이들의 결정에 좌우되는 자리에 놓이기 때문입니다.

이러한 의존을 통해 우리의 삶이 열매 맺는다는 것을 믿기는 쉽지 않습니다. 대부분의 경우 우리는 의존을 남에게 쓸모없는 사람이 되거나 부담을 주는 일로 경험하고 있기 때문입니다. 우리는 자주 불편과 피로와 혼란과 혼미감과 고통을 느낍니다. 이렇게 상처받기 쉬운 상태에서 열매를 발견하기란 어렵습니다. 우리 눈에 보이는 것은 다른 사람들의 쟁기에 여기저기 들쑤셔진 우리의 몸과 마음뿐입니다.

이러한 의존 안에서 우리 삶이 성취로 나아간다는 사실을 믿으려면 신앙의 거대한 도약이 필요합니다. 우리가 보거나 느끼는 것들, 사회가 가치관과 통념을 통해서 제시하는 모든 것들은 계속해서 그 반대 방향을 가리키고 있습니다. 그들은 성공은 중요하지만 열매 맺는 일은 중요하지 않으며, 열매는 결코 수동성에서 나오지 않는다고 합니다. 그러나 수난은 예수님의 십자가를 통해서 우리에게 보여 주신 하나님의 길입니다. 우리는 어떤 대가를 치르고서라도 이 길을 피하고 싶어 하지만, 이 길은 구원의 길입니다. 죽어 가는 이들을 돌보는 일이 그토록 중요한 이유가 여기 있습니다. 이 돌봄은 그들이 이렇게 어려운 '옮김'을 할 수 있도록 돕는 것입니다. 그것은 그들이 행위에서 수난으로, 성공에서 열매로, '얼마나 성취할 수 있는가'에서 '어떻게 내 삶을 다른 이들의 선물로 만들 것인가'로 옮겨 가도록 돕는 것입니다. 죽어 가는 이들을 돌보는 일은 그들이 약해질수록 더 강해지는 하나님의 힘을 보도록 돕는 것입니다.

"그러나 하나님께서 세상의 미련한 것들을 택하사 지혜 있는 자들을 부끄럽게 하려 하시고 세상의 약한 것들을 택하사 강한 것들을 부끄럽게 하려 하시며"(고전 1:27)라는 사도 바울의 유명한 말씀은 여기에서 새로운 의미를 띠게 됩니다. 이 약한 사람들 안에는 가난한 사람과 장애인과 정신장애인들뿐 아니라 죽어 가는 사람들도 해당되며, 우리 모두는 언젠가 죽을 것이기 때문입니다. 우리는 하나님께서 바로 이 약함 안에서 강한 사람을 부끄럽게 하시고 진실한 인간의 열매를 드러내심을 믿어야 합니다. 이것이 십자가의 신비입니다.

예수님께서 십자가에 달리셨을 때, 그의 삶은 무한히 열매를 맺었습니다. 그 십자가에서 가장 위대한 약함과 가장 위대한 강함이 만났습니다. 우리는 죽음을 통해서 이 신비에 참여할 수 있습니다. 죽음을 잘 맞이하도록 서로 돕는다는 것은, 자신의 약함 속에서 열매를 주장하도록 돕는 것입니다. 이처럼 죽음은 새로운 생명이 나타날 것을 믿는 가운데 우리의 십자가를 끌어안도록 해줍니다. 이 생명의 많은 부분은 가까이 다가오는 죽음을 받아들여야 하는 이들과 함께 있을 때 구체적으로 나타납니다.

코니는 뇌 수술 이후에 두 가지 바람을 이야기하곤 했습니다. 하나는 그의 표현대로 완전히 치료되어 정상적인 삶을 되찾는 '기적'이었고, 또 하나는 자녀와 손주들에게 너무 큰 슬픔을 주지 않으면서 평화롭게 죽고자 하는 것이었습니다. 완전한 치료가 불가능하다는 것이 명백해지자, 코니는 자신의 죽음에 대해 더 생각하고 말하기 시작했고, 자신은 물론 가족들에게도 죽음을 준비시키기 시작했습니다.

어느 날 코니가 했던 말이 생생하게 떠오릅니다.

"전 죽는 게 두렵지 않아요. 하나님의 사랑 안에서 보호

받는다는 걸 느끼거든요. 당신을 포함해서 많은 사람들이 매일 저를 위해 기도해 주시는 걸 알아요. 나쁜 일이 생길 리가 없다는 것도 알고요. 하지만 애들이 걱정이군요."

코니는 이렇게 말하고 울었습니다. 나는 그가 찰스와 사라를 얼마나 가깝게 느끼는지, 또 그 아이들의 삶과 행복과 미래를 얼마나 끔찍이 생각하는지 잘 알고 있었습니다. 나는 그에게 물어보았습니다.

"무얼 염려하는 거지요?"

"저 때문에 아이들이 괴로워하지 않았으면 좋겠어요. 아이들이 제가 죽는 것을 보고 슬픔에 빠지거나 마음 아파하지 않았으면 좋겠어요. 아이들은 늘 저를 몇 손가락 안에 꼽히는 강한 할머니로 알고 있었지요. 이제 머리카락은 방사선 치료로 다 빠지고 몸은 마비되었다는 걸 애들은 몰라요. 근심과 슬픔에 찬 애들의 얼굴을 보게 될까봐 걱정이 되는군요. 전 애들이 지금이나 제가 떠난 후에나 늘 행복했으면 좋겠어요."

코니는 자기 자신에 대해 걱정하지 않았습니다. 다른 사람들을 먼저 생각했습니다. 내가 좋은 후임자를 찾기를 바랐고, 자신의 병이 가족들에게 방해가 되지 않기를 바랐습니다. 그리고 무엇보다 손주들이 행복하기를 바랐고, 자신의 병과 죽음이 그 행복을 막을까 걱정했습니다.

나는 괴로워하는 코니를 보면서, 그가 아름답고 너그러우며 다른 이들을 보살필 줄 아는 사람이라는 것을 어느 때보다 분명히 알았습니다. 코니는 자기 삶을 이루는 사람들을 깊이 돌봅니다. 자신의 안녕보다 그들의 안녕을 중요시하고, 자신의 일, 즐거움, 꿈보다 그들의 일, 그들의 즐거움, 그들의 꿈에 더 관심을 가집니다. 너무나 자기중심적으로 살아가는 이 사회에서 코니는 진정한 한 줄기 빛입니다.

그럼에도 코니가 자신의 걱정을 뛰어넘어서 가족과 친구를 향한 자신의 사랑이 열매 맺을 것을 믿으면 좋겠습니다. 다른 이들을 위하여 무엇을 했으며 무엇을 할 수 있느냐만이 아니라, 병을 앓는 이 상황에서 무슨 삶을 어떻게 살아가느냐 또한 중요함을 믿으면 좋겠습니다. 아니 이것이 앞의 문제보다 훨씬 중요함을 믿으면 좋겠습니다. 코니가 아이들을 차에 태워 학교와 가게와 경기장에 데려다 주던 그때보다 다른 이들을 더 의존해야 하는 지금 아이들에게 더 큰 것을 주고 있음을 알았으면 좋겠습니다.

아이들에게 자신이 필요했던 시간만큼이나 자신에게 아이들이 필요한 지금 이 시간이 소중하다는 것을 깨달으면 좋겠습니다.

실제로 코니는 병을 앓으면서 아이들의 진정한 선생님이 되었습니다. 그녀는 아이들에게 삶에 대한 감사와 하나님에 대한 믿음 그리고 죽음 뒤에 있을 삶에 대한 소망을 이야기해 줍니다. 그리고 아이들이 할머니를 위해 베푸는 사소한 모든 것에 깊은 고마움을 표현합니다. 눈물이나 두려움이 갑자기 북받칠 때 감추지는 않지만, 언제나 다시 미소 짓는 것을 잊지 않습니다.

코니는 자신의 선함과 사랑을 대부분 볼 수 없지만 나를 비롯해서 그를 방문한 다른 많은 이들은 그것을 볼 수 있습니다. 그토록 오랜 시간 생산적으로 살아온 코니는 점점 연약해지면서 건강할 때 줄 수 없었던 것을 주고 있습니다. 우리는 코니를 통해 사랑이 죽음보다 강하다는 진리를 엿보게 된 것입니다. 코니의 손주들은 그 진리의 잘 익은 열매들을 거둘 것입니다.

우리는 죽으면서 앞으로 올 세대의 부모가 됩니다. 많은 성인들은 이 말의 진실성을 아주 잘 보여 줍니다. 그들은 연약함에도 불구하고, 하나님의 은혜를 볼 수 있는 시야를 우리에게 열어 주었으며 지금도 우리와 가까이 있습니다. 아시시의 성 프란체스코, 마르틴 루터, 존 헨리 뉴먼, 리지외의 성녀 테레사, 마하트마 간디, 토마스 머튼, 교황 요한 23세, 다그 함마르셸드, 도로시 데이를 비롯해서 가족과 친구라는 우리 고유의 작은 그룹에 속하는 많은 이들이 있습니다.

우리의 생각, 느낌, 말, 글, 꿈, 비전은 우리 자신만이 아니라, 이미 죽었지만 지금 우리 안에 살아 있는 많은 이들에게도 속해 있습니다. 이들의 삶과 죽음은 여전히 우리 삶 속에서 열매를 거두고 있습니다. 그들의 기쁨, 희망, 용기, 확신, 믿음은 그들과 함께 죽은 것이 아니라, 우리의 마음 밭에서, 사랑으로 우리와 연결된 많은 이들의 마음 밭에서 계속 꽃핍니다. 참으로 이들은 예수님의 성령을 계속 보내 주고 있으며, 우리가 시작한 여행에 충실할 수 있도록 힘을 주고 있습니다.

우리 또한 죽음으로 우리 뒤에 살아갈 사람들의 삶에서 열매가 맺히게 해야 합니다. 그러나 우리가 서로 돌보지 않는다면, 앞으로 올 세대에서 우리의 삶이 열매 맺는다는 것은 불가능까지는 아니더라도 어려운 일이 됩니다. 서로 돌보지 않는다면, 사회는 지금 우리가 소유하고 있는 것, 우리가 한 일, 우리에 대해 생각하는 것이 전부라고 믿게 만들 것입니다. 그러한 생각에서는 죽음과 동시에 모든 소유물과 성공과 인기가 사라지므로, 죽음은 진실로 마지막이 됩니다. 서로 돌보지 않는다면, 우리는 참으로 누구인지를 잊어버리게 됩니다. 그리하여 우리가 하나님의 자녀이자 서로의 형제자매임을 잊음으로써 앞으로 올 세대의 부모가 될 수 없는 것입니다. 그러나 우리는 서로 돌보는 하나의 공동체로서 유한한 인생 너머까지 열매를 맺으리라는 사실을 서로 일깨워 줄 수 있습니다.

우리는 서로 돌보는 공동체로서 우리의 연약함 속에 뿌린 씨앗의 열매를 우리 이후에 살아갈 사람들이 계속 따 먹으며 거기에서 새 힘을 얻으리라 믿습니다. 우리는 서로 돌보는 공동체로서 예수님의 성령을 보낼 수 있습니다. 그리하여 하나님의 열매를 맺는 사람들이 되어 과거와 현재와 미래를 끌어안음으로 어둠 속 빛이 될 수 있습니다.

데이브레이크 공동체의 식사 시간은 이 연약함에서 맺힌 열매를 보여 줍니다. 데이브레이크에서는 식사 시간이 일상에서 중요한 자리를 차지합니다. 식사는 마치 작은 잔치 같습니다. 누군가 먹여 주어야 하기 때문에 먹는 시간이 느린 사람들이 많습니다. 말을 못하는 사람이 많고 말을 하더라도 다양한 말을 구사할 수 없는 이들이 많기 때문에 식탁 대화가 단순합니다. 식사 기도는 언제나 다른 사람들을 위해 드리는데, 이름을 하나하나 불러 가며 드립니다. 정신장애가 있는 사람들에게는 다른 이들이 참으로 소중하기 때문입니다. 종종 양초와 꽃이 놓여지고, 특별한 경우에는 현수막 깃발과 풍선이 등장하기도 합니다.

이런 식사에 참여할 때마다, 나는 예수님의 성령이 주시는 은혜가 연약함 가운데 있는 우리에게 임하심을 강렬하게 느낍니다. 우리 중에 많은 이들이 육체적, 정서적 고통을 겪고 있습니다. 남의 도움 없이 움직일 수 있는 사람은 극소수이며, 어떤 이들은 도움을 요청하거나 바람을 표현할 길조차 없습니다. 그럼에도 우리 가운데에는 평화와 기쁨, 용서, 소망, 신뢰라는 영적인 선물이 풍성합니다. 우리가 함께 짊어진 연약함이야말로 예수님께서 사랑을 보여 주시기에 가장 좋은 토양인 것 같습니다. 이러한 사랑의 은혜를 만들어 낸 것은 결코 우리가 아니기 때문입니다. 우리는 이러한 일이 어떻게 일어나는지 알려고 하지 않습니다. 많은 이들이 자신의 생존 혹은 다른 이들의 생존을 돕는 문제에 더 열중하고 있기 때문입니다.

모든 가족과 공동체가 그렇듯, 이곳에도 긴장과 갈등이 있습니다. 그럼에도 예수님은 이 가난한 식탁 주위에 강하게 임재하시며 그의 영을 풍성히 보내 주시는 것 같습니다.

식사를 끝내는 기도 시간이 되면, 이 식사 시간이 지닌 기념식의 성격이 분명해집니다. 우리는 하나님께 감사드리며 우리의 삶을 올려 드릴 뿐 아니라, 우리가 알고 있는 연약한 사람들의 삶과 죽어 가고 있는 사람이나 죽은 사람들의 삶을 하나님께 올려 드립니다. 이렇게 해서 우리는 모두 '연약함의 친교'에 참여합니다.

이 기념식 같은 식사 시간은 우리가 서로 돌보는 방식이며, 최종적인 연약함을 받아들이도록 서로 준비시켜 주는 방식이기도 합니다. 우리의 저녁 식사를 '최후의 만찬'이라고 부르는 사람은 거의 없지만, 그럼에도 우리는 이렇게 말하고 싶어 합니다.

"내가 더 이상 여기 없게 될 때, 먹거나 마시거나 축하하러 모일 때마다 나를 기억해 주십시오. 나는 예수님의 성령을 여러분들에게 보내겠습니다. 그 성령께서 우리를 하나로 묶는 사랑의 결합을 깊고 강하게 해주실 겁니다."

그러므로 예수님과 그분 안에서 죽은 사람들을 기억하는 모든 식사는 우리 자신의 죽음을 준비시켜 줍니다. 그 시간을 통해 우리는 스스로 양식을 먹을 뿐만 아니라 다른 이들을 먹여 주면서 매일 조금씩 돌보는 공동체가 되어 갑니다. 우리는 언제나 이 공동체에 속해 있을 것입니다.

## 잘 돌보기 위한 선택

죽어 가는 사람들을 잘 돌보려면 그들이 우리만큼 사랑받고 있다는 사실을 깊이 신뢰해야 하며, 함께 있어 줌으로써 그 사랑을 드러내야 합니다. 우리는 죽음이 그들을 인류가족과 깊이 결속시킴을 믿어야 하며, 그들이 성인들과 친교를 나누도록 이끌어 주어야 합니다. 그리고 마지막으로, 우리의 죽음과 마찬가지로 그들도 죽음으로 그들의 삶이 앞으로 올 세대에 열매 맺음을 믿어야 합니다. 우리는 그들이 두려움을 버리고 죽음의 경계선 너머를 바라보도록 용기를 주어야 합니다.

죽음을 잘 맞이하는 일이 그러하듯, 죽어 가는 이를 잘 돌보는 일도 선택이 필요합니다. 사람들을 돌보는 선물은 우리 안에서 끌어내는 것이지만, 그럼에도 이 선물은 오직 우리가 그것을 선택할 때에만 드러납니다.

우리는 동료 인간들에게 줄 것이 없거나 있어도 아주 적다고 생각하려는 유혹을 계속 받습니다. 죽어 가는 이들의 절망은 우리를 놀라게 합니다. 그래서 아무것도 변화시킬 수 없으면서 가까이 다가가기보다는, 아에 다가가지 않는 것이 더 나은 것처럼 느껴집니다. 특히 죽음을 마주한 사람들 앞에서는 더욱 그렇습니다. 그렇다고 해서 죽어 가는 사람들에게서 도망친다면, 우리는 사람들을 돌보는 우리의 소중한 선물을 매장해 버리는 것입니다.

사람들을 돌보는 우리의 선물을 주장하고 다른 이들의 필멸성뿐 아니라 우리의 필멸성까지 끌어안을 것을 선택할 때마다 치유와 소망의 진정한 원천이 될 수 있습니다. 치료(cure)의 집착을 용기 있게 버릴 때, 사람들을 돌보는 일은 진실로 우리의 꿈과 기대를 훨씬 능가하는 방식으로 치유(heal)를 가져올 수 있습니다. 우리에게 사람들을 돌보는 선물이 있기 때문에, 우리는 언제나 죽어 가는 형제자매들을 하나님의 가슴으로, 하나님의 우주의 중심으로 더 깊이 부드럽게 이끌어 줄 수 있습니다.

# 부활의 은혜

죽음을 잘 맞이하는 것과 죽어 가는 이들을 잘 돌보는 일에 대해 쓰기 시작한 지 3주가 되었습니다. 내 몸은 3층의 은신처에서 대개 벗어나지 않았지만 내 마음은 두루 여행을 다녔습니다. 나는 캐나다에서 모리스와 코니와 함께 있었고, 미국에서는 리차드와, 네덜란드에서는 메리나와 함께 있었습니다. 또한 유럽과 아시아와 아프리카와 라틴 아메리카에서 전쟁과 기아와 압제로 죽어 가는 셀수 없이 많은 사람들을 '방문'했습니다. 그리고 세상을 살다가 떠나간 사람들, 그럼에도 지금도 계속해서 행동과 말로 내게 가르침과 영감을 주는 그 사람들을 마음으로 끌어안으려 했습니다.

이 광범위한 정신적 여행을 거치는 동안 우리가 하나님의 자녀이고 서로 형제자매이며 앞으로 올 세대의 부모라는 것을 다른 이들과 나 자신을 위해 주장했습니다. 이러한 영적인 정체성이 죽음 맞이와 죽어 가는 이들을 돌봄에 비전을 주는 길을 탐험해 보았습니다.

맺는말을 쓰기 위해 책상 앞에 앉은 지금, 다음과 같은 질문이 있겠다는 것을 깨닫습니다. 그것은 바로 "부활은?"입니다. 지금까지 부활에 대해 언급하지 않았고 그럴 필요도 느끼지 않았다니 놀라움을 금할 수가 없습니다. 글을 쓰는 동안에는 이 질문이 급박하게 느껴지지 않았습니다. 그러나 부활의 문제가 급박하게 제시되지 않았다고 해서 중요하지 않은 것은 아닙니다. 오히려 부활은 지금까지 내가 쓴 어떤 내용보다도 중요합니다. 부활이야말로 내 신앙의 토대이기 때문입니다.

부활을 언급하지 않으면서 죽음과 죽음의 과정에 대해 쓰는 것은 바람을 언급하지 않으면서 항해에 대해 쓰는 것과 같습니다. 예수님의 부활과 우리 자신의 부활에 대한 소망이야말로 지금까지 내가 죽음과 죽음의 과정에 대해 썼던 것을 가능케 했습니다. 사도 바울처럼 나도 담대히 말합니다. "그리스도께서 죽은 자 가운데서 다시 살아나셨다 전파되었거늘 너희 중에서 어떤 사람들은 어찌하여 죽은 자 가운데서 부활이 없다 하느냐 만일 죽은 자의 부활이 없으면 그리스도도 다시 살아나지 못하셨으리라 그리스도께서 만일 다시 살아나지 못하셨으면 우리가 전파하는 것도 헛것이요 또 너희 믿음도 헛것이며 또 우리가 하나님의 거짓 증인으로 발견되리니 우리가 하나님이 그리스도를 다시 살리셨다고 증언하였음이라 만일 죽은 자가 다시 살아나는 일이 없으면 하나님이 그리스도를 다시 살리지 아니하셨으리라 만일 죽은 자가 다시 살아나는 일이 없으면 그리스도도 다시 살아나신 일이 없었을 터이요 그리스도께서 다시 살아나신 일이 없으면 너희의 믿음도 헛되고 너희가 여전히 죄 가운데 있을 것이요 또한 그리스도 안에서 잠자는 자도 망하였으리니 만일 그리스도 안에서 우리가 바라는 것이 다만 이 세상의 삶뿐이면 모든 사람 가운데 우리가 더욱 불쌍한 자이리라"(고전 15:12-19).

부활에 대한 이 표현보다 더 강력한 말은 아마도 없을 것입니다. 나 또한 사도 바울의 이 말씀을 내 것으로 만들고 싶습니다. 그런데도 나는 지금까지 예수님과 우리의 부활에 대해 쓰지 않았습니다. 이 주저함은 예수님의 부활이 감추어진 사건임이 틀림없다는 확신과 관련이 있습니다. 예수님은 그를 십자가에 못 박은 사람들의 잘못을 입증하거나 그의 적들을 당황하게 만들려고 부활하신 것이 아닙니다. 당시 통치자들을 감동시키거나 어떤 사람에게 강제로 믿음을 주입하려고 부활하신 것도 아닙니다. 예수님의 부활은 성부 아버지의 사랑에 대한 완전한 증언입니다. 그분은 이 사랑을 아는 사람들에게만 자신을 보여 주셨고, 가까운 소수의 친구들에게만 자신이 부활한 주님임을 알려 주었습니다. 그토록 중요하면서도 주목받지 못한 사건은 인류 역사상 없었습니다. 세상은 예수님의 부활을 알아보지 못했습니다. 소수의 사람들만이 알았을 뿐입니다. 그들은 예수님이 자신을 보이고자 선택하신 사람들이었고, 예수님처럼 세상에 하나님의 사랑을 알리기 위해 파견하고자 하신 사람들이었습니다.

예수님의 부활이 이렇게 감추어졌다는 것은 나에게 중요합니다. 예수님의 부활은 내 믿음의 초석이지만, 그럼에도 그것을 논거로 사용하거나 다른 이들을 안심시키는 용도로 사용할 수는 없습니다. 죽어 가는 사람에게 "아무 걱정 말아요. 예수님처럼 당신도 부활할 거예요. 친구들도 다시 만날 거고, 하나님 앞에서 영원히 행복하게 지낼 거예요"라고 말하는 것은 죽음을 진지하게 받아들이는 자세가 아닙니다. 이런 생각은 죽음 이후에 고통이 사라진 것만 제외하면 모든 것이 기본적으로 똑같으리라는 사실만 암시합니다. 그것은 예수님을 진지하게 받아들이는 자세도 아닙니다. 예수님은 그저 더 나은 삶으로 나아가기 전 거치는 통로로서 죽음을 겪으신 것이 아닙니다. 마지막으로, 이것은 우리 역시 그러하듯 시공간에 묶인 실존 너머에 무엇이 있는지 모르는 가운데 죽어 가는 사람들을 진지하게 대하는 자세가 아닙니다.

부활은 죽음에 대한 문제를 풀어 주지 않습니다. 죽음은 단지 생존 투쟁의 행복한 종결이 아니며, 우리를 깜짝 놀래 주려고 하나님이 예비해 놓으신 일도 아닙니다. 부활은 예수님과 모든 자녀들에 대한 하나님의 신실하심입니다. 하나님은 부활을 통해 예수님에게 "너는 참으로 내 사랑하는 외아들이며, 내 사랑은 영원하다" 말씀하셨으며, 우리에게도 "너희는 진실로 내 사랑하는 자녀들이며, 내 사랑은 영원하다" 말씀하셨습니다. 부활은 하나님께 속한 어떤 것도 헛되이 사라지지 않음을 보여 주시는 하나님의 방식입니다. 우리의 유한한 몸을 포함해서 하나님께 속해 있는 것이라면 그 무엇도 헛되이 사라지지 않습니다. 그 부활은 죽음 뒤에 있을 삶에 대한 호기심 어린 질문, 예를 들어 '그 삶이란 어떤 것일까? 어떤 모습일까?' 하는 식의 질문에 대답하지 않습니다. 그렇지만 부활은 사랑이 죽음보다 강하다는 사실을 참으로 계시해 줍니다. 그 계시를 받은 후에는 '왜, 어디서, 어떻게, 언제'라는 질문은 가만히 한쪽으로 밀어 놓고 침묵하며 단순히 믿으면 되는 것입니다.

나의 아버지는 아흔 살 생신 때 네덜란드 라디오 방송국과 인터뷰를 하신 적이 있습니다. 리포터는 아버지가 살아온 삶과 해온 일들에 대해서, 그리고 네덜란드의 현행 조세제도에 대해서(사실 이것은 아버지께서 직업적으로 관심을 가지신 분야였습니다) 많은 질문을 던졌습니다. 그리고 마지막으로 죽음 이후에 아버지에게 무슨 일이 일어나리라고 생각하는지 물었습니다.

일주일 후, 인터뷰 내용이 방송될 때 아버지와 나는 함께 그 프로그램에 귀를 기울이고 있었습니다. 아버지가 마지막 질문에 어떻게 대답하셨는지 몹시 궁금했습니다.

아버지는 이렇게 대답했습니다.

"거기에 대해선 할 말이 거의 없군요. 지금 우리가 서로 보는 방식으로 아내나 친구들을 보게 되리라고는 믿지 않습니다. 저는 구체적으로 기대하는 것이 없어요. 물론 무언가 다른 것이 있을 겁니다. 하지만 시간과 공간이 존재하지 않는 때가 오면 '무언가 다른 것'이라는 말도 그다지 중요한 의미를 지니지는 못할 겁니다. 전 죽는 걸 두려워하지 않습니다. 백 살까지 살고 싶은 마음도 없지요. 지금처럼 할 수 있는 한 열심히 잘 살고 싶을 뿐입니다……. 죽고 나면 보게 되겠지요!"

"죽고 나면 보게 되겠지요"라는 마지막 말에는 아버지의 믿음과 믿음 없음이 잘 요약되어 있는 듯했습니다. 아버지의 신앙과 아버지의 의심이 이 말에서 만나고 있습니다. 이 말은 '지금은 모든 게 불확실해요'라는 의미일 수도 있고, '결국은 우리가 늘 보고 싶어 하던 것을 보게 될 겁니다'라는 의미일 수도 있습니다. 우리는 하나님을 볼 것이고, 서로를 볼 것입니다. 예수님은 이것을 분명히 하셨습니다. "너희는 마음에 근심하지 말라 하나님을 믿으니 또 나를 믿으라 내 아버지 집에 거할 곳이 많도다…… 내가 너희를 위하여 거처를 예비하러 가노니 가서 너희를 위하여 거처를 예비하면 내가 다시 와서 너희를 내게로 영접하여 나 있는 곳에 너희도 있게 하리라"(요 14:1-3). 또 예수님은 빈 무덤가에 있는 막달라 마리아에게 나타나셔서 다음과 같은 말씀과 함께 그를 보내셨습니다. "너는 내 형제들에게 가서 이르되 내가 내 아버지 곧 너희 아버지, 내 하나님 곧 너희 하나님께로 올라간다 하라"(요 20:17).

부활하신 예수님은 당신의 친구들과 먹고 마시는 가운데, 우리를 향한 하나님의 사랑과 서로를 향한 우리의 사랑, 전에 살았던 사람들과 후에 올 사람들을 향한 우리의 사랑이 한순간의 경험이 아니라 시공간을 초월하는 영원한 실재임을 드러내셨습니다. 또한 부활하신 주님은 찔린 손과 발과 옆구리를 친구들에게 보여 주시면서, 고통스러웠던 일이건 기뻤던 일이건 우리가 육체를 입고 세상에 살면서 겪은 경험은 모두 죽음이라는 통로를 거칠 때 쓸모없는 외투처럼 우리에게서 벗겨져 나가는 것이 아니라, 하나님과 인간이 서로 나누었던 우리의 독특한 방식을 표시해 준다는 것을 드러내셨습니다.

"죽고 나면 보게 되겠지요"라는 말은 언제나 이중적인

뜻이 있는 듯합니다. 간질병에 걸린 아이를 고쳐 달라고 예수님께 부탁했던 어느 아버지처럼, 우리도 이렇게 말해야 할 것입니다. "내가 믿나이다 나의 믿음 없는 것을 도와주소서"(막 9:24). 그럼에도, 우리 시선을 부활하신 주님에게 고정시킬 때, 사랑이 죽음보다 강하다는 사실뿐만 아니라 우리의 신앙이 의심보다 강하다는 사실도 깨달을 수 있습니다.

# 죽음은 상실(喪失)이자 선물입니다

어제 오후, '맺는말'을 막 끝내려는 순간 프랑스 트로슬리에서 장 바니에가 전화를 걸어 왔습니다. 그는 부드러운 음성으로 말했습니다.

"헨리, 토마 신부님이 오늘 아침 돌아가셨어요."

도미니크회의 프랑스 사제 토마 필립 신부는 장의 영적 아버지였고 라르슈 공동체의 공동창립자였습니다. 그는 예수님과 예수님의 어머니인 마리아 그리고 이 세상의 모든 '보잘것없는' 사람들에 대한 사랑으로 불탔던 사람이었습니다. 토마 신부는 그의 제자이자 친구였던 장에게 영감을 주었고 장이 토론토 대학의 철학 교수직을 그만두고 장애인들과 살기 시작할 때 용기를 북돋아 주었습니다. 이 성스럽고 겸손한 도미니크회 신부가 이제 죽은 것입니다.

장의 말에 귀 기울이던 나는 현명한 지도자를 잃고 이제는 홀로 헤쳐 나가야 할 사람의 목소리를 들었습니다.

"당신에게는 정말 큰 상실이군요!"

내 말에 장이 대답했습니다.

"그래요. 나와 라르슈에 큰 상실이지요…… 하지만 큰 선물이기도 합니다."

토마 신부의 죽음은 참으로 상실인 동시에 선물입니다. 나 자신을 포함해서 많은 사람들이 함께 있기만 해도 새로운 희망을 발견할 수 있었던 그를 이제는 방문할 수 없으니 이것은 상실이 아닐 수 없습니다. 그는 여러 번 내 머리를 자신의 가슴에 끌어안은 채 말없이 기도해 주었고, 영적으로 충만한 그 침묵의 기도는 내게서 절망의 악령을 쫓아 주었습니다. 그래서 나는 그의 품에서 다시 새로운 생명력을 얻어 고개를 들곤 했습니다. 그를 만나고 싶어 했던 수많은 사람들이 그의 작은 방 입구에서 몇 시간이고 기꺼이 기다렸습니다. 절망에 빠진 이들과, 정신적으로 큰 고통을 겪는 이들과, 선택의 문제로 괴로워하는 이들과, 어떻게 기도해야 할지 모르는 이들과, 하나님을 믿을 수 없는 이들과, 사람들과 관계가 깨진 이들이 그를 찾아왔습니다. 그리고 최근에는 에이즈에 걸린 이들과 죽음을 잘 맞이할 수 있도록 도와줄 사람을 구하는 이들이 그를 찾아왔습니다. 우리는 좋은 목자를 잃었고, 사망의 음침한 골짜기에서 우리를 이끌어 주었던 '지팡이와 막대기'를 잃었습니다. 그분 없이 어떻게 지낼 수 있을는지요.

하지만 장이 말한 것처럼, 토마 신부의 죽음은 또한 선물이기도 합니다. 이제 그의 삶은 충만하게 열매를 맺을 수 있습니다. 토마 신부는 고통을 무척 많이 겪었습니다. 특히 자신이 그토록 사랑했던 교회가 그의 국제 학생 공동체를 폐쇄하고 더 이상 대학 채플에서 일하지 못하게 했을 때 그는 큰 고통을 겪었습니다. 프랑스 북부의 작은 마을 트로슬리에 와서 정신장애를 지닌 몇 명의 젊은이들을 위해 일하기 시작했을 때에도 지독한 외로움을 겪었습니다. 그는 작은 예배당의 성체 앞에서 예수님이 무엇을 원하시는지 물으면서 긴긴 시간 고통스러워했습니다. 그리고 장 바니에와 함께 라르슈를 시작한 후에는, 오해받고 있으며 심지어 배척당하고 있다는 느낌 때문에 자주 고통을 겪었습니다. 특히 기대와 아주 다른 방향으로 일이 전개될 때 더욱 그러했습니다. 나이가 들면서 그는 점차 십자가상의 예수님과 더 깊이 친교를 나누기 시작했고, 예수님과 함께 크나큰 고뇌를 겪으으며, 버림받은 느낌을 나누었습니다.

마침내 더 이상 많은 사람들과 함께 있을 수 없게 되었을 때, 그는 프랑스 남부로 물러가 몇 년 동안 은둔의 삶을 살다가 거기서 죽었습니다. 장이 그를 방문한 지 며칠 후였고, 같은 도미니크회 소속의 마리에 신부가 그에게 마지막 성체성사를 준 지 몇 시간 후의 일이었습니다. 그날은 바로 어제인 2월 4일 새벽 1시였습니다. 장이 말한 것처럼 토마 신부의 죽음은 상실일 뿐 아니라 또한 선물이기도 합니다. 그의 죽음은 크나큰 고통의 끝이며, 이제 라르슈와 교회와 사회와 그의 죽음을 애도하는 많은 이들의 가슴속에서 새롭게 열매 맺는 일의 시작인 것입니다.

이 책을 쓰기 시작했을 때, 나는 토마 신부를 생각하지 못했습니다. 그는 내가 라르슈에 온 이래 나의 중요한 영적 지도자였는데도 말입니다. 트로슬리를 떠난 후 내내 숨어 지냈던 그가 머지않아 마지막 길을 가리라는 사실을 잘 생각하지 못했습니다. 그가 지난 마지막 몇 년 동안 '해골의 곳'(요 19:17) 골고다의 예수님처럼 얼마나 지독히 외로웠는지 이제야 분명히 알 것 같습니다.

하지만 장의 전화를 받은 이후 그는 나와 여기 함께 있습니다. 그는 하나님께 크게 사랑받은 아들이고, 그가 돌보아 주었던 모든 이들의 형제이며, 그의 이야기나 테이프나 책을 통해 생명을 얻은 많은 이들의 아버지입니다. 나는 그처럼 깊이, 그리고 강렬하게 사랑하는 사람을 거의 본 적이 없습니다. 그는 정말로 사랑의 불이 붙은 사람이었습니다. 그는 이렇게 말했습니다.

"밤에 잠이 잘 안 오면 나를 생각하게. 그러면 잠이 올 테니."

그는 자기 안에서 타오르는 예수님의 성령을 그토록 깊이 느끼며 신뢰하고 있었기 때문에, "하나님을 생각하게"라거나 "예수님을 생각하게"라거나 "성령님을 생각하게"라고 하지 않고 "나를 생각하게"라고 말했던 것입니다. 그가 그토록 많은 사람들을 고친 것도, 또 그토록 큰 고통을 겪은 것도 바로 이 불타는 사랑 때문이었습니다. 그의 온 존재에 스며들어서 그를 살아 있는 기도로 만든 것도 이 불타는 사랑이었습니다. 그는 오직 하나님만을 바라보고, 하나님만을 만지고, 하나님만을 이야기할 수 있는 눈과 손과 입을 가진 기도 그 자체였습니다. 이 사랑이 예수님을 태웠듯이 그를 태웠고, 그 사랑이 소진되었을 때 그는 생명을 내주었습니다. 이 사랑은 죽지 않았고 죽을 수도 없습니다. 단지 점점 자라날 수만 있을 뿐입니다.

토마 신부의 죽음으로 나는 오늘 이 책을 끝내게 되었습니다. 토마 신부는 장과 나 그리고 많은 이들에게 큰 선물이었습니다. 이제 그는 모든 사람의 선물이 되었습니다. 그리고 지금부터 그는 모든 사람에게 예수님의 성령을 보낼 수 있으며, 그 성령은 그가 원하시는 때에 그가 원하는 장소에서 불붙을 것입니다.

내일 나는 프라이부르크를 떠나 프랑스로 갑니다. 이렇게 빨리 떠나게 되리라고는 생각하지 못했습니다. 여기 온 지 겨우 3주가 지났습니다. 하지만 장의 전화를 받고 나니 토마 신부의 시신이 운반되어 묻히는 장소에 참여하고 싶어졌습니다. 죽음 맞이와 죽어 가는 이들 돌봄에 대해 쓰면서 더 이상 이 작은 아파트에 혼자 있고 싶지 않아졌습니다. 나는 저 많은 공동체 사람들과 함께 있고 싶습니다. 가난한 사람과 부유한 사람, 젊은 사람과 늙은 사람,

강한 사람과 약한 사람, 토마 신부가 그토록 사랑한 사람들뿐 아니라 그를 그토록 사랑했던 사람들과 함께 그의 시신 옆에 모이고 싶습니다.

프라이부르크에서 스트라스부르로, 스트라스부르에서 파리로, 파리에서 콩피에뉴로, 또 트로슬리로 여행해 가면서, 나는 내 생각들을 돌아보며 모우와 릭, 메리나, 코니 그리고 아버지와 하나 되어 기도할 것입니다. 무엇보다 예수님의 성령이 그 안에 그토록 충만하게 살아 있었고 활동하셨던 아름다운 사람, 토마 필립을 가까이 느낄 것입니다. 나는 애통하며 감사하는 많은 이들의 무리에 끼어 그를 기억하며 빵을 나누면서, 이전에는 결코 몰랐던 것을 알게 될 것입니다. 하나님은 진정 사랑이십니다.

**옮긴이  홍석현**

1971년생. 서울대학교 국어국문과 및 영어영문과 졸업. 옮긴 책으로
《성령의 능력으로 사역하라》(홍성사)가 있다.

# 죽음, 가장 큰 선물
Our Greatest Gift

지은이  헨리 나우웬
옮긴이  홍석현
펴낸곳  주식회사 홍성사
펴낸이  정애주
국효숙 김의연 박혜란 손상범
송민규 오민택 임영주 차길환

1998. 2. 18. 초판 발행   2018. 4. 11. 20쇄 발행
2019. 11. 27. 개정판 발행   2024. 6. 17. 4쇄 발행

등록번호 제1-499호 1977. 8. 1.
주소 (04084) 서울시 마포구 양화진4길 3  전화 02) 333-5161  팩스 02) 333-5165
홈페이지 hongsungsa.com  이메일 hsbooks@hongsungsa.com
페이스북 facebook.com/hongsungsa  양화진책방 02) 333-5161

**OUR GREATEST GIFT: A Meditation on Dying and Caring**

ISBN 978-89-365-1395-5 (03230)